에듀윌과 함께 시작하면,
당신도 합격할 수 있습니다!

오랜 직장 생활을 마감하며 찾아온 앞날에 대한 막연한 두려움
에듀윌만 믿고 공부해 합격의 길에 올라선 50대 은퇴자

출산한지 얼마 안돼 독박 육아를 하며 시작한 도전!
새벽 2~3시까지 공부해 8개월 만에 동차 합격한 아기엄마

만년 가구기사 보조로 5년 넘게 일하다, 달리는 차 안에서도
포기하지 않고 공부해 이제는 새로운 일을 찾게 된 합격생

누구나 합격할 수 있습니다.
시작하겠다는 '다짐' 하나면 충분합니다.

마지막 페이지를 덮으면,

**에듀윌과 함께
공인중개사 합격이 시작됩니다.**

공인중개사 1위

15년간 베스트셀러 1위 에듀윌 공인중개사 교재

탄탄한 이론 학습! 기초입문서/기본서/핵심요약집

기초입문서(2종)

기본서(6종)

1차 핵심요약집+기출팩(1종)

출제경향 파악, 실전 엿보기! 단원별/회차별 기출문제집

단원별 기출문제집(6종)

회차별 기출문제집(2종)

다양한 문제로 합격점수 완성! 기출응용 예상문제집/실전모의고사

기출응용 예상문제집(6종)

실전모의고사(2종)

* 2023 대한민국 브랜드만족도 공인중개사 교육 1위 (한경비즈니스)
* YES24 수험서 자격증 공인중개사 베스트셀러 1위 (2011년 12월, 2012년 1월, 12월, 2013년 1월~5월, 8월~12월, 2014년 1월~5월, 7월~8월, 12월, 2015년 2월~4월, 2016년 2월, 4월, 6월, 12월, 2017년 1월~12월, 2018년 1월~12월, 2019년 1월~12월, 2020년 1월~12월, 2021년 1월~12월, 2022년 1월~12월, 2023년 1월~12월, 2024년 1월~12월, 2025년 1월~2월 월별 베스트, 매월 1위 교재는 다름)
* YES24 국내도서 해당분야 월별, 주별 베스트 기준

에듀윌 공인중개사

합격을 위한 비법 대공개! 합격서

이영방 합격서
부동산학개론

심정욱 합격서
민법 및 민사특별법

임선정 합격서
공인중개사법령 및 중개실무

김민석 합격서
부동산공시법

한영규 합격서
부동산세법

오시훈 합격서
부동산공법

신대운 합격서
쉬운민법

취약점 보완에 최적화! 저자별 부교재

이영방 합격패스 계산문제
부동산학개론

심정욱 합격패스 암기노트
민법 및 민사특별법

임선정 그림 암기법
공인중개사법령 및 중개실무

김민석 테마별 한쪽정리
부동산공시법

심정욱 핵심체크 OX
민법 및 민사특별법

오시훈 키워드 암기장
부동산공법

시험 전, 이론&문제 한 권으로 완벽 정리! 필살키

이영방 필살키   심정욱 필살키   임선정 필살키

오시훈 필살키

김민석 필살키

한영규 필살키

신대운 필살키

더 많은
공인중개사 교재

* 해당 교재의 이미지는 변경될 수 있습니다.

공인중개사, 에듀윌을 선택해야 하는 이유

9년간 아무도 깨지 못한 기록
합격자 수 1위

합격을 위한 최강 라인업
1타 교수진

공인중개사

합격만 해도 연 최대 300만원 지급
에듀윌 앰배서더

업계 최대 규모의 전국구 네트워크
동문회

* 2023 대한민국 브랜드만족도 공인중개사 교육 1위 (한경비즈니스) * KRI 한국기록원 2016, 2017, 2019년 공인중개사 최다 합격자 배출 공식 인증 (2025년 현재까지 업계 최고 기록)
* 에듀윌 공인중개사 과목별 온라인 주간반 강사별 수강점유율 기준 (2024년 11월)
* 앰배서더 가입은 에듀윌 공인중개사 수강 후 공인중개사 최종 합격자이면서, 에듀윌 공인중개사 동문회 정회원만 가능합니다. (상세 내용 홈페이지 유의사항 확인 필수)
* 에듀윌 공인중개사 동문회 정회원 가입 시, 가입 비용이 발생할 수 있습니다.
* 앰배서더 서비스는 당사 사정 또는 금융당국의 지도 및 권고에 의해 사전 고지 없이 조기종료될 수 있습니다.

에듀윌 공인중개사

1위 에듀윌만의
체계적인 합격 커리큘럼

합격자 수가 선택의 기준, 완벽한 합격 노하우
온라인 강의

① 전 과목 최신 교재 제공
② 업계 최강 교수진의 전 강의 수강 가능
③ 합격에 최적화 된 1:1 맞춤 학습 서비스

최고의 학습 환경과 빈틈 없는 학습 관리
직영학원

① 현장 강의와 온라인 강의를 한번에
② 시험일까지 온라인 강의 무제한 수강
③ 강의실, 자습실 등 프리미엄 호텔급 학원 시설

쉽고 빠른 합격의 첫걸음 **합격필독서 무료** 신청

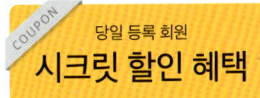 

COUPON 당일 등록 회원 **시크릿 할인 혜택**

설명회 참석 당일 등록 시 **특별 수강 할인권** 제공

친구 추천 이벤트

" **친구 추천**하고 한 달 만에
920만원 받았어요 "

친구 1명 추천할 때마다 현금 10만원 제공
추천 참여 횟수 무제한 반복 가능

※ "a*o*h****" 회원의 2021년 2월 실제 리워드 금액 기준
※ 해당 이벤트는 예고 없이 변경되거나 종료될 수 있습니다.

 친구 추천 이벤트 바로가기

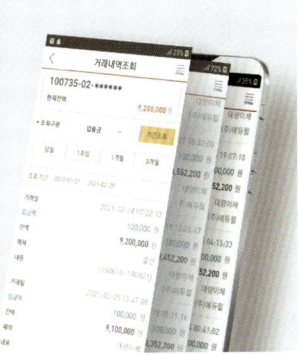

자세한 내용이 궁금하다면 1600-6700
* 2023 대한민국 브랜드만족도 공인중개사 교육 1위 (한경비즈니스)

eduwill

공인중개사 1위

합격자 수 1위 에듀윌
7만 건이 넘는 후기

고○희 합격생

부알못, 육아맘도 딱 1년 만에 합격했어요.

저는 부동산에 관심이 전혀 없는 '부알못'이었는데, 부동산에 관심이 많은 남편의 권유로 공부를 시작했습니다. 남편 지인들이 에듀윌을 통해 많이 합격했고, '합격자 수 1위'라는 광고가 좋아 에듀윌을 선택하게 되었습니다. 교수님들이 커리큘럼대로만 하면 된다고 해서 믿고 따라갔는데 정말 반복 학습이 되더라고요. 아이 둘을 키우다 보니 낮에는 시간을 낼 수 없어서 밤에만 공부하는 게 쉽지 않아 포기하고 싶을 때도 있었지만 '에듀윌 지식인'을 통해 합격하신 선배님들과 함께 공부하는 동기들의 위로가 큰 힘이 되었습니다.

이○용 합격생

군복무 중에 에듀윌 커리큘럼만 믿고 공부해 합격

에듀윌이 합격자가 많기도 하고, 교수님이 많아 제가 원하는 강의를 고를 수 있는 점이 좋았습니다. 또, 커리큘럼이 잘 짜여 있어서 잘 따라만 가면 공부를 잘 할 수 있을 것 같아 에듀윌을 선택했습니다. 에듀윌의 커리큘럼대로 꾸준히 따라갔던 게 저만의 합격 비결인 것 같습니다.

안○원 합격생

5개월 만에 동차 합격, 낸 돈 그대로 돌려받았죠!

저는 야쿠르트 프레시매니저를 하다 60세에 도전하여 합격했습니다. 심화 과정부터 시작하다 보니 기본이 부족했는데, 교수님들이 하라는 대로 기본 과정과 책을 더 보면서 정리하며 따라갔던 게 주효했던 것 같습니다. 합격 후 100만 원 가까이 되는 큰 돈을 환급받아 남편이 주택관리사 공부를 한다고 해서 뒷받침해 줄 생각입니다. 저는 소공(소속 공인중개사)으로 활동을 하고 싶은 포부가 있어 최대 규모의 에듀윌 동문회 활동도 기대가 됩니다.

다음 합격의 주인공은 당신입니다!

더 많은 합격 비법

* 에듀윌 홈페이지 게시 건수 기준 (2025년 2월 기준)
* 2023 대한민국 브랜드만족도 공인중개사 교육 1위 (한경비즈니스)

에듀윌이 너를 지지할게

ENERGY

시작하는 방법은
말을 멈추고
즉시 행동하는 것이다.

– 월트 디즈니(Walt Disney)

개정법령 원스톱 서비스!

법령 개정이 잦은 공인중개사 시험, 일일이 찾아보지 마세요!
에듀윌에서는 필요한 개정법령만을 빠르게! 한 번에! 제공해 드립니다.

개정법령
확인하기

* 에듀윌 도서몰 book.eduwill.net → 도서자료실

2025
에듀윌 공인중개사
심정욱 합격패스 암기노트
민법 및 민사특별법

저자의 말

올해는 합격해!

수험생 여러분, 공부 잘하고 계신가요? 올해 합격서 출간 후 많은 분들로부터 방대한 민법을 완벽하게 정리를 잘 해줘서 감사하다는 말을 많이 들었습니다. 그런데 막상 공부를 했을 때는 이해한 것 같은데, 문제를 풀면 자꾸 틀리죠? 분명 아는 건데 틀리고, 해설을 보면 또 아차 싶고, 힘도 빠지고 금세 고개를 떨구는 일이 잦아져서 속이 상하실 것 같습니다.

모든 시험에서 '합격의 비결'은 의외로 간단합니다. 내용을 이해하고, 이해한 내용을 정리하고, 정리한 것을 반복하는 것입니다. 즉, 제 강의를 통해 내용을 이해했고, 또 합격서를 통해 정리가 되셨다면 이제는 〈2025 에듀윌 공인중개사 심정욱 합격패스 암기노트〉로 배운 내용을 반복할 차례입니다.

〈2025 에듀윌 공인중개사 심정욱 합격패스 암기노트〉는 먼저 민법의 모든 암기코드를 정리했습니다. 그리고 시험에 무조건 나오는 핵심이론 100개를 선정해서 최신 경향에 맞게 문제화했습니다.

무엇을 외워야할지 고민하시는 분들, 시간이 없어서 막막하신 분들, 틀린 문제 또 틀려서 속상하신 분들 모두 이 교재를 매일매일 들고 다니면서 소리 내서 읽고, 문제 풀기를 계속 반복하세요. 분명 시험장에서는 웃고 나올 수 있을 것입니다. 여러분의 합격을 끝까지 응원합니다.

올해는 합격해! 모두다 합격해! 동차로 합격해!

저자 **심정욱**

민법도 '암기'를 해야 하나요?

무엇보다 가장 만족하는 것은 교수님이 핵심 내용을 압축하여 공부량을 줄일 수 있도록 해 주셨고 여러가지 암기 방법을 만들어 알려주셔서 큰 도움이 되었습니다.

동차합격 직장인 김**

민법 공부 처음에는 이해하는 쪽으로 해보려고 했는데, 그래도 대표 판례나 규정 등 외워야만 하는 것도 있더라구요. 반드시 외워야 하는 것들을 외우고 나니 학습 효율이 쭉쭉 올라갔어요.

동차합격 주부 이**

기본서는 양이 너무 많고 내가 따로 정리하는 것은 시간낭비라고 생각했어요. 그 시간에 요약집을 한두 번 더 보면서 반복하는 것이 훨씬 효율적이므로 요약집 암기를 추천합니다.

동차합격 40대 김**

민법은 이해가 기본인 과목이지만
'암기' 할 것은 해야 합격점수가 나옵니다.

이 책의 구성 및 활용방법

심정욱 합격패스 암기노트란?

방대한 민법 과목을 100개의 핵심이론으로 압축하여 반드시 암기해야 할 필수암기와 출제예상문제로 반복학습할 수 있는 교재입니다. 또한 심's 암기코드를 통해 재미있게 암기할 수 있습니다.

한 손으로 들기 편하게 만든 작은 책입니다. 항상 가볍게 들고 다니면서 반복 학습하세요!

필수암기 + 출제예상문제로 완벽한 복습용 교재

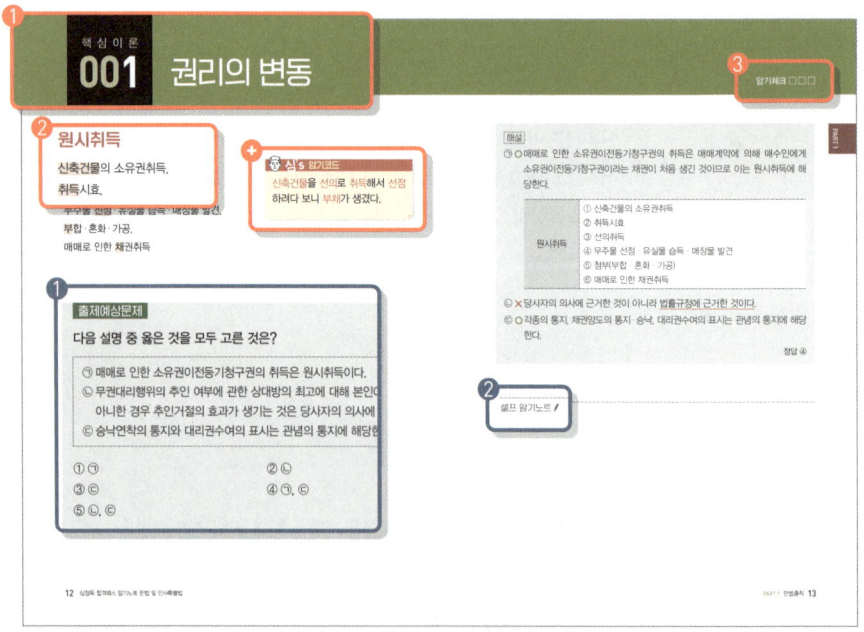

1 | 필수암기 + 심's 암기코드

❶ **핵심이론**: 방대한 민법 이론을 100개로 압축했습니다.
❷ **필수암기**: 반드시 출제되므로 암기해야만 문제를 풀 수 있는 내용들을 정리했습니다.

> **특별효력요건**
> ① 대리에 있어서의 **대리권**의 존재
> ② 조건부·기한부 법률행위에 있어서의
>   **조건**의 성취·**기한**의 도래
> ③ 유언에 있어서의 유언자의 **사망**
> ④ 토지거래허가구역 내의 토지거래계약에 있어서의 관할관청의 **허가**
>
> **심's 암기코드**
> 대리권을 주면서 조건을 갖춰 기한 내에 허가하라고 했는데 사망해 버렸다.

❸ **암기체크**: 한 번만 보고 100% 암기할 수는 없습니다. 여러 번 복습하면서 암기체크에 표시하세요.

2 | 출제예상문제

❶ **출제예상문제**
 – 문제: 필수암기 학습 후 관련이 높은 예상문제까지 1+1로 학습할 수 있습니다.
 – 해설: 해설 앞에 ○ ✕ 표시를 하여 직관적으로 확인할 수 있습니다.
❷ **셀프 암기노트**: 핵심이론을 학습하고 스스로 암기해야 할 부분을 직접 채워넣을 수 있습니다. 나만의 단권화노트를 만드세요.

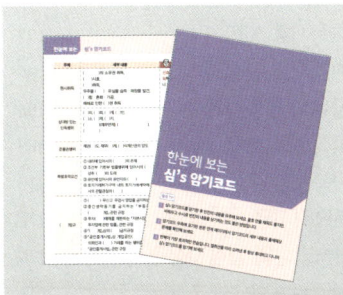

[특별부록] 한눈에 보는 심's 암기코드

암기의 핵심이 되어 줄 심's 암기코드를 한눈에 볼 수 있는 학습 코너입니다. 빈칸 채우기를 통해 암기코드를 잘 외웠는지 점검할 수 있어요.

차례

PART 1 민법총칙

- 001 권리의 변동 … 12
- 002 법률행위의 종류 … 14
- 003 법률행위의 요건 … 16
- 004 단속법규와 효력법규 … 18
- 005 반사회적 법률행위의 의의 … 20
- 006 반사회적 법률행위의 유형 … 22
- 007 이중매매 … 24
- 008 불공정한 법률행위 … 26
- 009 오표시무해의 원칙 … 28
- 010 의사표시의 효력발생 … 30
- 011 비진의표시 … 32
- 012 통정허위표시 … 34
- 013 제108조 제2항의 제3자 … 36
- 014 착오에 의한 의사표시 … 38
- 015 착오와 다른 제도와의 관계 … 40
- 016 사기·강박에 의한 의사표시 … 42
- 017 사기·강박과 다른 제도와의 관계 … 44
- 018 대리 일반 … 46
- 019 대리권의 제한 … 48
- 020 대리행위의 하자 … 50
- 021 대리의 3면관계 … 52
- 022 복대리 … 54
- 023 무권대리 … 56
- 024 표현대리 … 58
- 025 법률행위의 무효 … 60
- 026 토지거래허가구역 내의 토지거래계약 … 62
- 027 법률행위의 취소 … 64
- 028 조건과 기한 … 66

PART 2 물권법

- 029 물권의 의의와 종류 … 70
- 030 물권적 청구권 … 72
- 031 물권의 변동 … 74
- 032 물권의 변동과 침해 … 76
- 033 등기청구권 … 78
- 034 청구권보전의 가등기 … 80
- 035 등기의 추정력 … 82
- 036 중간생략등기 … 84
- 037 물권의 소멸 … 86
- 038 점유의 개념 … 88
- 039 점유권의 의의 … 90
- 040 점유의 종류 … 92
- 041 점유자와 회복자의 관계 … 94
- 042 점유권의 효력 … 96
- 043 소유권 일반 … 98
- 044 주위토지통행권 … 100
- 045 취득시효 일반 … 102
- 046 취득시효 완성 후의 법률관계 … 104
- 047 공유의 법률관계 … 106
- 048 지상권의 효력 … 108
- 049 구분지상권 … 110
- 050 분묘기지권 … 112
- 051 관습법상의 법정지상권 … 114
- 052 지역권 … 116

053 전세권 일반	118	058 저당권의 피담보권 범위	128
054 전세권의 효력	120	059 제366조의 법정지상권	130
055 유치권 일반	122	060 저당권의 효력	132
056 유치권의 효력	124	061 공동저당	134
057 저당권의 효력범위	126	062 근저당	136

PART 3 계약법

063 계약의 종류	142	077 합의해제	170
064 계약의 성립	144	078 해약금에 의한 계약해제	172
065 계약성립시기	146	079 매매 일반	174
066 계약체결상의 과실책임	148	080 매도인의 담보책임	176
067 동시이행의 항변권 1	150	081 수량부족과 담보책임	178
068 동시이행의 항변권 2	152	082 하자담보책임	180
069 위험부담	154	083 환매	182
070 대상청구권과 이익상환의무	156	084 교환	184
071 제3자를 위한 계약	158	085 임대차 일반	186
072 제3자를 위한 계약의 법률관계	160	086 임대차의 효력 1	188
073 계약의 해제와 해지	162	087 임대차의 효력 2	190
074 해제권의 발생원인	164	088 토지임차인의 갱신청구권과 지상물매수청구권	192
075 해제권의 행사와 효과	166	089 임차권의 양도와 전대	194
076 계약해제의 소급효로부터 보호되는 제3자	168	090 무단전대의 법률관계	196

PART 4 민사특별법

091 「주택임대차보호법」 일반	200	096 집합건물법 중요판례	210
092 주택임차인의 계약갱신요구권	202	097 가등기담보법의 적용범위	212
093 「상가건물 임대차보호법」의 적용범위	204	098 가등기담보권의 실행	214
		099 부동산실명법의 적용범위	216
094 「상가건물 임대차보호법」 일반	206	100 명의신탁의 법률관계	218
095 집합건물법 일반	208		

특별부록 한눈에 보는 심's 암기코드

PART 1

민법총칙

001 권리의 변동
002 법률행위의 종류
003 법률행위의 요건
004 단속법규와 효력법규
005 반사회적 법률행위의 의의
006 반사회적 법률행위의 유형
007 이중매매
008 불공정한 법률행위
009 오표시무해의 원칙
010 의사표시의 효력발생
011 비진의표시
012 통정허위표시
013 제108조 제2항의 제3자
014 착오에 의한 의사표시

015 착오와 다른 제도와의 관계
016 사기·강박에 의한 의사표시
017 사기·강박과 다른 제도와의 관계
018 대리 일반
019 대리권의 제한
020 대리행위의 하자
021 대리의 3면관계
022 복대리
023 무권대리
024 표현대리
025 법률행위의 무효
026 토지거래허가구역 내의 토지거래계약
027 법률행위의 취소
028 조건과 기한

핵심이론 001 권리의 변동

원시취득

신축건물의 소유권취득,
취득시효,
선의취득,
무주물 **선점**·유실물 습득·매장물 발견,
부합·혼화·가공,
매매로 인한 **채**권취득

> **심's 암기코드**
> 신축건물을 선의로 취득해서 선점 하려다 보니 부채가 생겼다.

출제예상문제

다음 설명 중 옳은 것을 모두 고른 것은?

> ㉠ 매매로 인한 소유권이전등기청구권의 취득은 원시취득이다.
> ㉡ 무권대리행위의 추인 여부에 관한 상대방의 최고에 대해 본인이 확답을 발하지 아니한 경우 추인거절의 효과가 생기는 것은 당사자의 의사에 근거한 것이다.
> ㉢ 승낙연착의 통지와 대리권수여의 표시는 관념의 통지에 해당한다.

① ㉠
② ㉡
③ ㉢
④ ㉠, ㉢
⑤ ㉡, ㉢

암기체크 □□□

해설
㉠ O 매매로 인한 소유권이전등기청구권의 취득은 매매계약에 의해 매수인에게 소유권이전등기청구권이라는 채권이 처음 생긴 것이므로 이는 원시취득에 해당한다.

원시취득	① 신축건물의 소유권취득 ② 취득시효 ③ 선의취득 ④ 무주물 선점 · 유실물 습득 · 매장물 발견 ⑤ 첨부(부합 · 혼화 · 가공) ⑥ 매매로 인한 채권취득

㉡ ✗ 당사자의 의사에 근거한 것이 아니라 <u>법률규정에 근거한 것이다.</u>
㉢ O 각종의 통지, 채권양도의 통지 · 승낙, 대리권수여의 표시는 관념의 통지에 해당한다.

정답 ④

셀프 암기노트

핵심이론 002 법률행위의 종류

1. 상대방 있는 단독행위

동의, 철회, 상계, 추인,
취소, 해제, 해지,
채권포기(채무면제),
제한물권의 포기, 수권행위

> 🧑 심's 암기코드
> 동철이가 상추먹고 취해서 채권도 포기하고 제한물권도 포기하고 수권행위도 해줬다.

2. 준물권행위

채권양도, 채무면제, 지식재산권의 양도

> 🧑 심's 암기코드
> 양면지에 적어서 외우자

출제예상문제

다음 중 틀린 조합은?

① 재단법인설립행위 – 상대방 없는 단독행위
② 추인, 취소 – 상대방 있는 단독행위
③ 지상권설정계약 – 채권행위
④ 임대차 – 의무부담행위
⑤ 저당권설정계약 – 종된 행위

해설

① ⭕ 유언(유증), 재단법인설립행위, 소유권과 점유권의 포기는 상대방 없는 단독행위에 해당한다.
② ⭕ 동의, 철회, 상계, 추인, 취소, 해제, 해지, 채권의 포기(채무면제), 제한물권의 포기, 공유지분의 포기, 취득시효 이익의 포기, 수권행위는 상대방 있는 단독행위에 해당한다.
③ ❌ 지상권설정계약은 사용가치를 이전하는 것이므로 물권행위에 해당한다.
④ ⭕ 임대차는 법적인 의무를 부담하는 행위이므로 채권행위에 해당하고, 채권행위는 의무부담행위라고도 한다.

암기체크 □□□

⑤ ○ 저당권설정계약은 금전소비대차계약(주된 행위)을 하면서 이에 부수해서 행해지는 계약이라 종된 행위에 해당한다.

정답 ③

> **더 알아보기** | **법률행위의 종류**

단독행위	① 상대방 없는 단독행위: 유언(유증), 재단법인설립행위, <u>소유권과 점유권의 포기</u> ② 상대방 있는 단독행위: 동의, 철회, 상계, 추인, 취소, <u>해제</u>, 해지, 채권포기(채무면제), 제한물권의 포기, 공유지분의 포기, 취득시효 이익의 포기, 수권행위
계약	① 채권계약: 매매, 교환, 임대차 ② 물권계약: 지상권설정계약, 전세권설정계약, <u>저당권설정계약</u> ③ 가족법상의 계약: 혼인
합동행위	<u>사단법인설립행위</u>
채권행위	① 법적인 의무를 부담하기로 하는 약속 ⇨ 의무부담행위 ② 채권행위는 <u>이행의 문제를 남긴다.</u>
물권행위	① 사용·교환가치를 이전하기로 하는 합의 ⇨ 처분행위 ② 물권행위는 <u>이행의 문제를 남기지 않는다.</u>
준물권행위	① 물권 이외의 권리의 변동을 목적으로 하는 법률행위 ⇨ 처분행위 ② 준물권행위는 <u>이행의 문제를 남기지 않는다.</u> ③ 예: 채권양도, <u>채무면제</u>, 지식재산권의 양도
요식행위	① 혼인, 이혼, 인지, 입양　　② 법인설립행위 ③ 어음·수표행위　　　　　④ 유언 ⑤ 등기신청 등
종된 행위	① 종된 행위는 주된 행위에 대해 <u>부종성</u>이 있다. ② 종된 행위는 주된 행위와 <u>동시에 할 필요는 없다</u>(환매특약은 매매계약과 동시에 해야 함). ③ 예: 저당권설정계약, 계약금계약

003 법률행위의 요건

핵심이론

특별효력요건

① 대리에 있어서의 **대리권**의 존재
② 조건부·기한부 법률행위에 있어서의 **조건**의 성취·**기한**의 도래
③ 유언에 있어서의 유언자의 **사망**
④ 토지거래허가구역 내의 토지거래계약에 있어서의 관할관청의 **허가**

> **심's 암기코드**
> 대리권을 주면서 조건을 갖춰 기한 내에 허가하라고 했는데 사망해 버렸다.

출제예상문제

법률행위의 의의와 요건에 관한 설명으로 옳은 것은?

① 법률행위는 의사표시를 필수불가결의 요소로 하는 법률사실이다.
② 계약에 있어서 청약과 승낙의 의사표시의 합치는 효력요건에 해당한다.
③ 조건부 법률행위에 있어서 조건의 성취는 성립요건에 해당한다.
④ 토지거래허가구역 내의 토지거래계약에 대한 관할관청의 허가는 효력요건이다.
⑤ 「농지법」상의 농지취득자격증명은 농지매매계약의 효력발생요건이다.

암기체크 ☐☐☐

해설
① ✗ 법률사실이 아니라 법률요건이다.
② ✗ 계약에 있어서 청약과 승낙의 의사표시의 합치는 효력요건이 아니라 성립요건에 해당한다.
③ ✗ 조건부 법률행위에 있어서 조건의 성취는 성립요건이 아니라 효력요건에 해당한다.
④ ○ 토지거래허가구역 내의 토지거래계약에 대한 관할관청의 허가는 효력요건이다.
⑤ ✗ 「농지법」상의 농지취득자격증명은 농지매매계약의 효력발생요건이 아니다.

정답 ④

셀프 암기노트 ✎

핵심이론 004 단속법규와 효력법규

단속법규

① **무허가**·무신고·무검사 영업을 금지하는 규정
② 중간생략등기를 금지하는 「부동산등기 **특별조치법**」 관련 규정
③ 투자**일임**매매를 제한하는 「자본시장과 금융투자업에 관한 법률」 관련 규정
④ 「**주택법**」상의 **전매**금지규정
⑤ 「공인중개사법」상 개업공인**중개사가** 중개의뢰인과 **직접** 거래를 하는 행위를 금지하는 「공인중개사법」 관련 규정

> **심's 암기코드**
> 중개사가 직접 주택의 전매를 일임 받고 무허가업자와 특별조치를 하다가 단속에 걸렸다.

출제예상문제

다음 중 효력법규가 아닌 것은?

① 「공인중개사법」상 개업공인중개사가 중개의뢰인과 직접 거래를 하는 행위를 금지하는 「공인중개사법」 관련 규정
② 의료인이나 의료법인 등이 아닌 자가 의료기관을 개설하여 운영하는 것을 금지하는 「의료법」 관련 규정
③ 투자수익보장약정을 금지하는 「자본시장과 금융투자업에 관한 법률」 관련 규정
④ 투기를 방지하기 위하여 중간생략등기를 금지하는 「부동산 거래신고 등에 관한 법률」상의 토지거래허가규정
⑤ 임대의무기간 경과 전에 임대주택의 매각을 금지하는 「민간임대주택에 관한 특별법」 관련 규정

암기체크 ☐☐☐

해설
① ✗ 「공인중개사법」상 개업공인중개사가 중개의뢰인과 직접 거래를 하는 행위를 금지하는 「공인중개사법」 관련 규정은 단속법규에 해당한다.
② ○ 의료인이나 의료법인 등이 아닌 자가 의료기관을 개설하여 운영하는 것을 금지하는 「의료법」 관련 규정은 효력법규에 해당한다.
③ ○ 투자수익보장약정을 금지하는 「자본시장과 금융투자업에 관한 법률」 관련 규정은 효력법규에 해당한다.
④ ○ 투기를 방지하기 위하여 중간생략등기를 금지하는 「부동산 거래신고 등에 관한 법률」상의 토지거래허가규정은 효력법규에 해당한다.
⑤ ○ 임대의무기간 경과 전에 임대주택의 매각을 금지하는 「민간임대주택에 관한 특별법」 관련 규정은 효력법규에 해당한다.

정답 ①

셀프 암기노트 ✎

핵심이론

005 반사회적 법률행위의 의의

제103조와 제746조

> 제103조【반사회질서의 법률행위】 선량한 풍속 기타 사회질서에 위반한 사항을 내용으로 하는 법률행위는 무효로 한다.
> 제746조【불법원인급여】 불법의 원인으로 인하여 재산을 급여하거나 노무를 제공한 때에는 그 이익의 반환을 청구하지 못한다. 그러나 그 불법원인이 수익자에게만 있는 때에는 그러하지 아니하다.

출제예상문제

반사회적 법률행위에 관한 설명으로 틀린 것은?

① 사용자가 노조간부에게 조합원들의 임금인상 요구를 무마하여 주는 대가로 금원을 지급하기로 한 약정은 무효이다.
② 도박자금에 사용될 줄 알면서 한 금전소비대차계약은 무효이다.
③ 양도소득세의 부과를 회피할 목적으로 한 매매는 반사회적 법률행위에 해당하지 않는다.
④ 부첩관계의 종료를 해제조건으로 하는 증여계약은 무효이다.
⑤ 산모가 우연한 사고로 인한 태아의 상해에 대비하기 위해 자신을 보험수익자로, 태아를 피보험자로 하여 체결한 상해보험계약은 반사회적 법률행위에 해당한다.

암기체크 ☐☐☐

해설
① ○ 반사회적 법률행위로서 무효이다.
② ○ 불법적인 동기가 상대방에게 알려졌기 때문에 해당 계약은 반사회적 법률행위로서 무효이다.
③ ○ 세금을 포탈하기 위해 편법을 쓴 것만으로는 반사회적 법률행위에 해당하지 않는다.
④ ○ 부첩관계의 대가를 증여하였다가 부첩관계가 종료하면 증여의 효력이 없어지는 계약이므로 이는 반사회적 법률행위로서 무효이다.
⑤ ✘ 산모가 우연한 사고로 인한 태아의 상해에 대비하기 위해 자신을 보험수익자로, 태아를 피보험자로 하여 체결한 상해보험계약은 반사회적 법률행위에 해당하지 않는다.

정답 ⑤

셀프 암기노트 ✎

핵심이론 006 반사회적 법률행위의 유형

반사회적 법률행위에 해당하지 않는 경우

① 강제집행을 면할 목적으로 부동산에 허위의 근저당권설정등기를 경료하거나 명의신탁을 하는 행위는 반사회적 법률행위에 해당하지 않는다.
② 단지 법률행위의 성립과정에 있어서 강박이라는 불법적인 방법이 사용된 데 불과한 경우는 반사회적 법률행위에 해당하지 않는다.
③ 해외연수 후 일정기간 회사에 근무하지 않으면 해외파견소요경비를 배상한다는 사규나 약정은 반사회적 법률행위에 해당하지 않는다.

출제예상문제

다음 중 판례의 입장과 다른 것은?

① 도박채무를 변제하기 위해 채무자로부터 부동산의 처분을 위임받은 채권자가 그 부동산을 제3자에게 매도한 경우에 있어서 도박채무부담행위와 부동산처분에 관한 대리권을 도박채권자에게 수여한 행위는 무효이다.
② 국가기관이 헌법상 보장된 국민의 기본권을 침해하는 위헌적인 공권력을 행사한 결과 국민이 그 공권력의 행사에 외포(畏怖)되어 자유롭지 못한 의사표시를 하였더라도 그 의사표시가 반사회성을 띠게 되어 당연히 무효로 된다고는 볼 수 없다.
③ 백화점 수수료위탁판매 매장계약에서 임차인이 매출신고를 누락하는 경우 판매수수료의 100배에 해당하고 매출신고누락분의 10배에 해당하는 벌칙금을 임대인에게 배상하기로 한 위약벌의 약정은 반사회적 법률행위에 해당하지 않는다.
④ 비자금을 소극적으로 은닉하기 위하여 임치한 것은 반사회적 법률행위에 해당하지 않는다.
⑤ 제3자가 피상속인으로부터 토지를 전전매수하였다는 사실을 알면서도 그 정(情)을 모르는 상속인을 기망하여 결과적으로 그로 하여금 토지를 이중매도하게 하였다면, 그 매수인과 상속인 사이의 토지매매계약은 반사회적 법률행위에 해당한다.

암기체크 □□□

해설
① ✗ 도박채무부담행위와 그 변제의 약정 및 변제약정의 이행행위는 무효이나, 부동산처분에 관한 대리권을 도박채권자에게 수여한 행위는 유효하다.
② ○ 강박에 의한 의사표시로서 취소할 수 있을 뿐 반사회적 법률행위로서 무효가 되는 것은 아니다.
③ ○ 위약벌을 중하게 부과하지 않으면 매출신고를 누락하는 것을 막기 어려우므로 이는 반사회적 법률행위에 해당하지 않는다.
④ ○ 비자금을 조성하는 행위는 사회질서에 반하나, 조성된 비자금을 쓰기 위하여 임치하는 것은 사회질서에 반하지 않는다.
⑤ ○ 이는 결국 제2매수인이 매도인의 배임행위에 적극가담한 경우와 마찬가지이므로 해당 토지매매계약은 반사회적 법률행위에 해당하여 무효이다.

정답 ①

셀프 암기노트 ✎

핵심이론 007 이중매매

이중매매가 무효인 경우 제1매수인의 소유권 회복방법

① 제1매수인은 제2매수인에 대해 직접 그 명의의 소유권이전등기의 말소를 청구할 수 없다.
② 제1매수인은 매도인을 대위(代位)하여 제2매수인에 대해 그 명의의 소유권이전등기의 말소를 청구할 수 있다.
③ 제1매수인은 채권자취소권을 행사하여 매도인과 제2매수인 간의 매매계약을 취소할 수 없다.

출제예상문제

甲은 자신의 X건물을 乙에게 매도하고 계약금과 중도금을 지급받았다. 그 후 이 사실을 알고 있는 丙은 甲과 X건물에 대한 매매계약을 체결하고 자신의 명의로 소유권이전등기를 마쳤다. 다음 설명 중 틀린 것은?

① 甲은 계약금의 배액을 상환하고 매매계약을 해제할 수 없다.
② 丙은 X건물의 소유권을 취득한다.
③ 乙은 최고 없이 곧바로 X건물에 대한 매매계약을 해제할 수 있다.
④ 甲의 배임행위에 丙이 적극가담한 경우에도 乙은 직접 丙을 상대로 소유권이전등기의 말소를 청구할 수 없다.
⑤ 위 ④의 경우 丙으로부터 X건물을 양수한 선의의 丁은 甲과 丙의 매매계약의 유효를 주장할 수 있다.

암기체크 ☐☐☐

> 해설

① ⭕ 중도금이 지급되었으므로 이는 이행에 착수한 경우이므로 甲은 계약금의 배액을 상환하고 매매계약을 해제할 수 없다.
② ⭕ 이중매매는 원칙적으로 유효하고 丙 앞으로 소유권이전등기가 경료되었으므로 丙은 X건물의 소유권을 취득한다.
③ ⭕ 丙은 X건물의 소유권을 취득하여 甲의 乙에 대한 소유권이전등기의무는 후발적으로 불가능하게 되었으므로 乙은 최고 없이 곧바로 X건물에 대한 매매계약을 해제할 수 있다.
④ ⭕ 甲의 배임행위에 丙이 적극가담한 경우에도 乙은 직접 丙을 상대로 소유권이전등기의 말소를 청구할 수 없고, 甲을 대위하여 말소등기의 이행을 청구할 수 있다.
⑤ ❌ 반사회적 법률행위의 무효는 절대적 무효이므로 丙으로부터 X건물을 양수한 丁은 선의이더라도 보호를 받을 수 없다. 따라서 丁은 甲과 丙의 매매계약의 유효를 주장할 수 없다.

정답 ⑤

셀프 암기노트 ✎

008 불공정한 법률행위

불공정한 법률행위의 의의

제104조【불공정한 법률행위】당사자의 궁박, 경솔 또는 무경험으로 인하여 현저하게 공정을 잃은 법률행위는 무효로 한다.
제746조【불법원인급여】불법의 원인으로 인하여 재산을 급여하거나 노무를 제공한 때에는 그 이익의 반환을 청구하지 못한다. 그러나 그 불법원인이 수익자에게만 있는 때에는 그러하지 아니하다.

출제예상문제

불공정한 법률행위에 관한 설명으로 틀린 것을 모두 고른 것은?

㉠ 불공정한 법률행위인지의 여부는 법률행위 성립 당시를 기준으로 판단하여야 한다.
㉡ 거래의 피해당사자가 궁박하여야 하며, 그밖에 그 거래가 피해자의 경솔 또는 무경험을 이용하여 이루어져야 한다.
㉢ 대리인을 통해 거래가 이루어진 경우 경솔과 무경험은 대리인을 기준으로 판단하여야 하고, 궁박은 본인의 입장에서 판단하여야 한다.

① ㉠
② ㉡
③ ㉢
④ ㉠, ㉡
⑤ ㉡, ㉢

암기체크 ☐☐☐

해설
㉠ O 불공정한 법률행위인지의 여부는 법률행위 성립 당시를 기준으로 판단하여야 한다.
㉡ ✗ 궁박, 경솔, 무경험은 세 가지 중 어느 하나만 갖추면 된다.
㉢ O 대리인을 통해 거래가 이루어진 경우 궁박은 급박한 곤궁을 의미하므로 이는 본인의 입장에서 판단하여야 하고, 경솔과 무경험은 법률행위를 할 때에 생기는 문제이므로 이는 대리인을 기준으로 판단하여야 한다.

정답 ②

셀프 암기노트 ✏

핵심이론

009 오표시무해의 원칙

오표시무해의 원칙: 잘못된 표시는 해가 되지 않는다

① 당사자의 합의내용과 다르게 표시하였더라도 이는 해가 되지 않으므로 당사자가 의욕한 대로 법률행위가 성립한다.
② 오표시무해의 원칙에 의해 당사자가 의욕한 대로 법률행위가 성립하므로 착오를 이유로 법률행위를 취소할 수 없다.

출제예상문제

매도인 甲과 매수인 乙은 甲 소유의 X토지(지번 969-39)를 같이 둘러보고 그 토지를 매매의 목적물로 하는 매매계약에 합의를 하였으나, 그 목적물의 지번에 관하여 착오를 일으켜 甲 소유의 Y토지(지번 969-36)를 매매의 목적물로 표시한 매매계약서를 작성하고 말았다. 그 후 乙 앞으로 Y토지에 대하여 소유권이전등기가 경료되었고, 乙은 이를 다시 丙에게 처분하고 소유권이전등기까지 마쳤다. 다음 설명 중 옳은 것은?

① 매매계약은 Y토지에 관하여 성립한다.
② 甲은 Y토지에 관한 매매계약을 착오를 이유로 취소할 수 있다.
③ Y토지에 대해 乙 앞으로 된 소유권이전등기는 유효하다.
④ 丙이 선의인 경우 공신의 원칙에 기하여 Y토지의 소유권을 취득한다.
⑤ 물권변동은 X토지와 Y토지 모두에 일어나지 않는다.

암기체크 □□□

해설
① ✗ 계약서에 Y토지로 잘못 표시했더라도 오표시무해의 원칙에 의하여 매매계약은 X토지에 관하여 성립한다.
② ✗ Y토지에 대해서는 매매계약이 성립조차 한 바 없으므로 甲은 Y토지에 관한 매매계약을 착오를 이유로 취소할 수 없다.
③ ✗ Y토지에 대해 乙 앞으로 된 소유권이전등기는 원인무효의 등기이므로 무효이다.
④ ✗ 등기의 공신력이 인정되지 않으므로 乙에게 소유권이 있다고 믿고 거래한 丙이 Y토지의 소유권을 취득하지 못한다.
⑤ ○ 법률행위로 인한 부동산물권변동의 경우에는 물권행위와 등기가 모두 있어야 물권변동의 효력이 생긴다. 그런데 X토지는 물권행위는 있으나 등기가 없고, Y토지는 등기는 있으나 물권행위가 없으므로 두 토지 모두 물권변동이 생기지 않는다.

정답 ⑤

셀프 암기노트 ✎

010 의사표시의 효력발생

발신주의를 취하는 경우

① **제**한능력자의 상대방의 확답촉구에 대한 제한능력자 측의 확답
② **사**원총회의 소집통지
③ **무**권대리인의 상대방의 최고에 대한 본인의 확답
④ **채**무인수에 있어서 채무자 또는 인수인의 최고에 대한 채권자의 확답
⑤ **격**지자 간의 계약성립에 있어서 승낙의 통지

제사에 무채를 올려놓으면 격이 떨어진다.

출제예상문제

의사표시의 효력발생에 관한 설명으로 <u>틀린</u> 것을 모두 고른 것은?

㉠ 상대방이 있는 의사표시는 상대방에게 발송한 때에 효력이 생긴다.
㉡ 격지자 간의 청약은 도달주의에 의한다.
㉢ 표의자가 그 통지를 발송한 후 상대방이 사망하거나 제한능력자가 되어도 의사표시의 효력에 영향을 미치지 아니한다.
㉣ 의사표시의 상대방이 의사표시를 받은 때에 제한능력자인 경우에는 법정대리인이 그 도달을 알았더라도 표의자는 그 의사표시로써 대항할 수 없다.

① ㉠, ㉡
② ㉡, ㉢
③ ㉡, ㉣
④ ㉠, ㉡, ㉢
⑤ ㉠, ㉢, ㉣

암기체크 □□□

해설
㉠ ✘ 상대방이 있는 의사표시는 상대방에게 도달한 때에 효력이 생긴다.
㉡ ○ 청약은 대화자 간이든 격지자 간이든 항상 도달한 때에 효력이 생긴다.
㉢ ✘ 표의자가 사망하거나 제한능력자가 되어야 의사표시의 효력에 영향을 미치지 아니한다.
㉣ ✘ 의사표시의 상대방이 의사표시를 받은 때에 제한능력자인 경우, 법정대리인이 그 도달을 안 때에는 표의자는 그 의사표시로써 대항할 수 있다.

정답 ⑤

셀프 암기노트 ✎

핵심이론 011 비진의표시

제107조

① **비**진의표시는 원칙적으로 **유**효하다.
② 상대방이 표의자의 진의 아님을 **알**았거나 **알** 수 있었을 경우에는 **무**효로 한다.
③ 무효로써 **선**의의 제3자에게 대항하지 못한다.

> 심's 암기코드
> 비유알알무선

출제예상문제

비진의표시에 관한 설명으로 틀린 것은?

① 진의란 표의자가 진정으로 마음속에서 바라는 사항을 의미하는 것이 아니라 특정한 내용의 의사표시를 하고자 하는 표의자의 생각을 말한다.
② 물의를 일으킨 사립대학교 조교수가 사직원이 수리되지 않을 것이라고 믿고 사태수습의 방안으로 사직원을 제출한 행위는 원칙적으로 유효하다.
③ 근로자가 회사의 경영방침에 따라 사직원을 제출하고 회사가 이를 받아들여 퇴직처리를 하였다가 즉시 재입사하는 형식을 취한 경우 이는 무효이다.
④ 학교법인이 「사립학교법」상의 제한규정 때문에 교직원의 명의를 빌려서 금원을 차용한 경우 그 교직원은 대출금채무를 변제할 책임이 없다.
⑤ 법률상 또는 사실상의 장애로 자기 명의로 대출받을 수 없는 자를 위하여 대출금 채무자로서의 명의를 빌려준 자의 의사표시는 비진의표시에 해당하지 않는다.

암기체크 ☐☐☐

해설

① ⭕ 비진의표시에서 말하는 진의는 표의자가 진정으로 마음속에서 바라는 사항이 아니고, 특정한 내용의 의사표시를 하고자 하는 표의자의 생각을 말한다.
② ⭕ 조교수의 의사표시는 비진의표시에 해당하고 이는 원칙적으로 유효하다.
③ ⭕ 재입사형식을 취했으니까 회사도 근로자에 사직의 의사가 없다는 것을 아는 경우이므로 근로자의 사직원 제출행위는 제107조 제1항 단서에 의하여 무효가 된다.
④ ❌ 이 경우에는 교직원의 금원차용행위는 정상적 의사표시에 해당하므로 교직원은 대출금채무를 변제하여야 한다.
⑤ ⭕ 이 경우도 명의를 빌려준 자의 금원차용행위는 정상적 의사표시에 해당한다.

정답 ④

셀프 암기노트 ✏️

PART 1 민법총칙

012 통정허위표시

핵심이론

제108조

① 상대방과 통정한 허위의 의사표시는 무효이다.
② 무효로써 선의의 제3자에게 대항하지 못한다.

통정무선

출제예상문제

甲은 채권자들로부터 강제집행을 당할 것을 대비하여 친구인 乙과 짜고 자기 소유의 건물을 매도한 것처럼 乙에게 소유권이전등기를 해 두었다. 그런데 乙이 등기명의인이 된 것을 기화로 하여 이를 丙에게 매도하고 소유권이전등기를 해 주었다. 다음 설명 중 옳은 것은?

① 甲과 乙 사이의 매매는 무효이므로 丙은 선의, 악의를 불문하고 건물의 소유권을 취득할 수 없다.
② 丙이 가장매매사실에 관해 악의인 경우에도 甲은 丙에게 건물의 반환을 청구할 수 없다.
③ 丙이 가장매매사실에 관해 선의이더라도 이후에 가장매매인 것을 알게 되었다면 위 계약의 무효를 주장할 수 없다.
④ 甲이 丙에게 건물반환청구를 한 경우 丙은 선의인 것으로 추정되므로 甲은 丙의 악의를 입증하여야 한다.
⑤ 丙이 악의인 경우에는 丙으로부터 건물을 매수한 丁이 선의이더라도 丁은 소유권을 취득할 수 없다.

암기체크 ☐☐☐

해설
① ✗ 甲과 乙 사이의 매매는 무효이나 丙은 선의인 경우에는 건물의 소유권을 취득할 수 있다.
② ✗ 丙이 가장매매사실에 관해 악의인 경우에는 甲은 丙에게 건물의 반환을 청구할 수 있다.
③ ✗ 제3자가 선의, 악의인지 판단하는 시점은 법률행위 성립 당시이다. 따라서 丙이 계약체결 당시 가장매매사실에 관해 선의이면 그 이후에 가장매매인 것을 알게 되었더라도 제3자로서 보호를 받을 수 있고, 또 선의의 제3자 스스로 무효를 주장하는 것은 허용된다.
④ ○ 제3자의 선의는 추정되므로 건물의 반환을 청구하고자 하는 甲이 丙의 악의를 입증하여야 한다.
⑤ ✗ 전득자도 제108조 제2항의 제3자에 포함되므로 丁이 선의인 경우에는 소유권을 취득할 수 있다.

정답 ④

셀프 암기노트 ✎

핵심이론 013 제108조 제2항의 제3자

허위표시규정에서의 제3자

① 당사자 및 그 포괄승계인을 제외하고
② 허위표시를 기초로
③ 법률상 새로운 실질적 이해관계를 맺은 자

출제예상문제

통정허위표시의 무효는 선의의 제3자에게 대항하지 못한다는 규정의 제3자에 해당하는 자를 모두 고른 것은?

> ㉠ 통정허위표시에 의해 설정된 전세권에 대해 저당권을 설정받은 자
> ㉡ 통정허위표시에 의한 채권을 가압류한 자
> ㉢ 채권의 가장양도에 있어서의 채무자
> ㉣ 통정허위표시에 의해 체결된 제3자를 위한 계약에서 제3자

① ㉠, ㉡
② ㉠, ㉢
③ ㉡, ㉢
④ ㉡, ㉣
⑤ ㉢, ㉣

암기체크 □□□

해설

㉠ ○ 제108조 제2항의 제3자는 당사자 및 그 포괄승계인을 제외하고 허위표시를 기초로 법률상 새로운 실질적 이해관계를 맺은 자를 말한다. 따라서 통정허위표시에 의해 설정된 전세권에 대해 저당권을 설정받은 자는 허위표시를 기초로 새로운 이해관계를 맺은 자이므로 제3자에 해당한다.

㉡ ○ 통정허위표시에 의한 채권을 가압류한 자도 허위표시를 기초로 새로운 이해관계를 맺은 자이므로 제3자에 해당한다.

㉢ ✗ 채권의 가장양도에 있어서의 채무자는 <u>허위표시를 하기 전부터 존재했던 자</u>이므로 제3자에 해당하지 않는다.

㉣ ✗ 통정허위표시에 의해 체결된 제3자를 위한 계약에서 제3자도 <u>허위표시를 하기 전부터 존재했던 자</u>이므로 제3자에 해당하지 않는다.

정답 ①

셀프 암기노트 ✎

014 착오에 의한 의사표시

제109조

① **내**용의 **중**요부분에 **착**오가 있을 것
② **중**대한 과실이 **없**을 것
③ 취소로써 **선**의의 제3자에게 대항하지 못한다.

> 심's 암기코드
> 내중착중무선

출제예상문제

착오에 관한 설명으로 옳은 것을 모두 고른 것은?

> ㉠ 의사표시는 법률행위의 내용의 중요부분에 착오가 있는 때에는 무효이다.
> ㉡ 매도인이 매수인의 채무불이행을 이유로 계약을 적법하게 해제한 후에는 매수인은 착오를 이유로 계약을 취소할 수 없다.
> ㉢ 착오가 표의자의 중대한 과실로 인한 때에는 취소할 수 없으므로 표의자는 자신의 착오에 중대한 과실이 없음을 입증하여야 한다.
> ㉣ 매매계약에 있어서 목적물의 소유권에 관한 착오는 중요부분의 착오에 해당하지 않는다.

① ㉣
② ㉠, ㉡
③ ㉡, ㉢
④ ㉢, ㉣
⑤ ㉠, ㉡, ㉣

암기체크 ☐☐☐

해설
㉠ ✗ 의사표시는 법률행위의 내용의 중요부분에 착오가 있는 때에는 취소할 수 있다.
㉡ ✗ 매도인이 매수인의 채무불이행을 이유로 계약을 적법하게 해제하더라도 매수인은 계약금을 돌려받거나 손해배상책임을 면하기 위하여 착오를 이유로 계약을 취소할 수 있다.
㉢ ✗ 상대방이 표의자에게 중대한 과실이 있음을 입증하여야 한다.
㉣ ○ 타인 소유물도 매매계약의 목적물이 될 수 있고, 매도인이 그 타인으로부터 소유권을 취득해서 매수인에게 이전해 주면 매수인은 목적물의 소유권을 취득할 수 있으므로 매매계약에 있어서 목적물의 소유권에 관한 착오는 중요부분의 착오에 해당하지 않는다.

정답 ①

셀프 암기노트 ✏

핵심이론 015 착오와 다른 제도와의 관계

착오 vs 사기

① 착오와 사기가 경합하는 경우: 착오가 타인의 기망행위에 의해 발생한 경우 표의자는 각각 그 요건을 입증하여 주장할 수 있다.
② 서명날인의 착오: 제3자의 기망행위에 의하여 신원보증서류에 서명날인한다는 착각에 빠진 상태로 연대보증의 서면에 서명날인한 경우는 제110조 제2항에 정한 사기에 의한 의사표시의 법리가 적용되지 않는다.

출제예상문제

착오에 관한 설명으로 옳은 것을 모두 고른 것은?

> ㉠ 매도인의 하자담보책임이 성립하더라도 착오를 이유로 한 매수인의 취소권은 배제되지 않는다.
> ㉡ 경과실로 인해 착오에 빠진 표의자가 착오를 이유로 의사표시를 취소한 경우, 상대방에 대하여 불법행위로 인한 손해배상책임을 진다.
> ㉢ 주채무자 소유의 부동산에 가압류등기가 없다고 믿고 보증을 하였더라도 그 가압류가 원인무효로 밝혀졌다면 착오를 이유로 취소할 수 없다.
> ㉣ 재건축조합이 재건축아파트 설계용역계약을 체결함에 있어서 상대방의 건축사자격 유무를 조사하지 않은 것은 중대한 과실에 해당한다.

① ㉠, ㉡
② ㉠, ㉢
③ ㉠, ㉣
④ ㉡, ㉢
⑤ ㉡, ㉣

암기체크 ☐☐☐

해설
㉠ ◯ 담보책임과 착오는 병존하므로 매도인의 하자담보책임이 성립하더라도 매수인은 착오를 이유로 한 매매계약을 취소할 수 있다.
㉡ ✗ 표의자에게 경미한 과실이 있더라도 표의자는 착오를 이유로 자신의 의사표시를 취소할 수 있고, 또 이는 적법하므로 상대방은 표의자에게 불법행위를 이유로 손해배상청구를 할 수 없다.
㉢ ◯ 이 경우는 표의자에게 경제적 불이익이 없는 경우이고 이는 중요부분의 착오에 해당하지 않으므로 착오를 이유로 취소할 수 없다.
㉣ ✗ 일반 사람이 자신이 일을 맡긴 상대방이 전문적인 자격증을 소지한 사람인지 아닌지를 손쉽게 확인할 수 있는 것이 아니므로 중대한 과실에 해당하지 않는다.

정답 ②

셀프 암기노트 ✏

016 사기·강박에 의한 의사표시

핵심이론

제110조

① 사기나 강박에 의한 의사표시는 취소할 수 있다.
② 취소로써 선의의 제3자에게 대항하지 못한다.

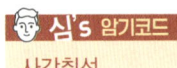
심's 암기코드
사강취선

출제예상문제

하자 있는 의사표시에 관한 설명으로 틀린 것을 모두 고르면?

> ㉠ 분양회사가 상가를 분양하면서 그곳에 첨단 오락타운을 조성하여 수익을 보장한다는 다소의 과장광고를 한 것은 사기에 해당한다.
> ㉡ 대형백화점의 변칙세일로 물건을 구매한 매수인은 사기를 이유로 계약을 취소할 수 있다.
> ㉢ 강박으로 의사결정의 자유가 완전히 박탈된 상태에서 이루어진 의사표시는 무효이다.
> ㉣ 제3자의 사기로 계약을 체결한 경우, 표의자는 그 계약을 취소하지 않으면 그 제3자에게 불법행위책임을 물을 수 없다.

① ㉠, ㉡
② ㉠, ㉣
③ ㉡, ㉢
④ ㉡, ㉣
⑤ ㉢, ㉣

암기체크 □□□

해설
㉠ ✗ 다소 과장광고를 하는 것은 기망행위의 위법성이 인정되지 않으므로 이는 사기에 해당하지 않는다.
㉡ ○ 대형백화점의 변칙세일은 기망행위의 위법성이 인정되므로 물건을 구매한 매수인은 사기를 이유로 계약을 취소할 수 있다.
㉢ ○ 의사결정의 자유가 제한된 경우에는 강박으로서 취소할 수 있으나, 강박으로 의사결정의 자유가 완전히 박탈된 상태에서 이루어진 의사표시는 무효이다.
㉣ ✗ 사기를 이유로 취소할 건지 제3자에게 불법행위를 이유로 손해배상을 청구할 건지는 표의자의 자유이다. 따라서 표의자는 그 계약을 취소하지 않고 곧바로 제3자에게 불법행위를 이유로 손해배상을 청구할 수 있다.

정답 ②

셀프 암기노트 ✎

017 사기·강박과 다른 제도와의 관계

사기·강박 VS 불법행위

① 사기·강박행위가 동시에 불법행위에 해당하는 경우에는 표의자는 사기·강박을 이유로 법률행위를 취소하여 부당이득반환청구를 하거나 불법행위를 이유로 손해배상을 청구할 수 있다.
② 제3자에 의한 사기행위로 계약을 체결한 경우, 표의자는 그 계약을 취소하지 않고도 제3자에 대하여 불법행위로 인한 손해배상청구를 할 수 있다.

출제예상문제

사기·강박에 의한 의사표시에 관한 설명으로 틀린 것은?

① 사기나 강박에 의한 소송행위는 원칙적으로 취소할 수 없다.
② 임차권 양도에 관한 임대인의 동의 여부를 설명하지 않은 것은 기망행위에 해당한다.
③ 기망에 의하여 하자 있는 물건을 매수한 경우 매수인은 담보책임과 사기에 의한 취소권을 각각 주장할 수 있다.
④ 제3자의 강박에 의해 상대방 있는 의사표시를 한 경우, 상대방이 그 사실을 알았다면 표의자는 자신의 의사표시를 취소할 수 있다.
⑤ 강박행위의 위법성은 어떤 해악의 고지가 거래관념상 그 해악의 고지로써 추구하는 이익달성을 위한 수단으로 부적당한 경우에는 인정되지 않는다.

암기체크 ☐☐☐

해설
① ○ 소송행위에는 의사표시에 관한 규정이 적용되지 않으므로 사기나 강박에 의한 소송행위는 원칙적으로 취소할 수 없다.
② ○ 임차권 양도 시에는 임대인의 동의가 있어야 한다. 따라서 임차권 양도에 관한 임대인의 동의 여부를 설명하지 않은 것은 기망행위에 해당한다.
③ ○ 담보책임과 사기는 병존하므로 기망에 의하여 하자 있는 물건을 매수한 경우 매수인은 담보책임과 사기에 의한 취소권을 각각 주장할 수 있다.
④ ○ 상대방 있는 의사표시에 있어서 제3자가 표의자에게 사기나 강박을 한 경우 표의자는 상대방이 그 사실을 알았거나 알 수 있었을 경우에 한하여 자신의 의사표시를 취소할 수 있다. 따라서 상대방이 제3자의 강박사실을 알았다면 표의자는 당연히 자신의 의사표시를 취소할 수 있다.
⑤ ✗ 강박행위의 위법성은 목적이 위법한 경우뿐만 아니라, 수단이 위법한 경우에도 인정된다.

정답 ⑤

셀프 암기노트 ✎

018 대리 일반

수권행위 해석에 대한 보충규정(제118조)

① 권한을 정하지 아니한 대리인은
   보존행위와 **이**용행위 및 **개**량행위만 할 수 있다.
② 보존행위는 무제한할 수 있다.
③ 이용·개량행위는 대리의 목적인 물건이나 권리의 성질이 변하지 아니하는 범위에서만 할 수 있다.

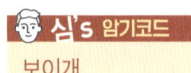
보이개

출제예상문제

대리에 관한 설명으로 옳은 것을 모두 고르면?

㉠ 준법률행위에 대해서는 전혀 대리가 인정되지 않는다.
㉡ 매매계약체결의 대리권에는 특별한 사정이 없는 한, 대금수령뿐만 아니라 대금지급기일을 연기해 줄 권한도 포함된다.
㉢ 매매계약체결의 대리권에는 계약해제권 등의 처분권을 포함한다.
㉣ 권한을 정하지 아니한 대리인은 은행예금을 찾아 보다 높은 금리로 개인에게 빌려주는 행위를 할 수 없다.

① ㉠, ㉡   ② ㉠, ㉢
③ ㉡, ㉣   ④ ㉢, ㉣
⑤ ㉣

암기체크 □□□

해설
- ㉠ ✗ 준법률행위 중 의사의 통지와 관념의 통지에 대해서는 대리가 인정된다.
- ㉡ ✗ 일반적으로 매매계약체결의 대리권에는 대금수령에 관한 권한만 포함되고 대금지급기일을 연기해 줄 권한은 포함되지 않는다. 대금지급기일을 연기할 권한까지 가지려면 매매계약의 체결과 이행에 관해 포괄적으로 대리권을 수여 받아야 한다.
- ㉢ ✗ 매매계약체결의 대리권에는 계약해제권 등의 처분권이 포함되지 않는다.
- ㉣ ○ 개량행위는 대리의 목적인 물건이나 권리의 성질이 변하지 않는 범위 내에서만 허용된다. 따라서 권한을 정하지 아니한 대리인은 은행예금을 찾아 보다 높은 금리로 개인에게 빌려주는 행위를 할 수 없다.

정답 ⑤

셀프 암기노트 ✎

핵심이론 019 대리권의 제한

자기계약과 쌍방대리

① 자기계약과 쌍방대리는 원칙적으로 금지된다.
② 본인의 **허**락이 있는 경우와 **채**무의 이행에 대해서는 예외적으로 자기계약과 쌍방대리가 허용된다.

> 심's 암기코드
> 허채

출제예상문제

대리권의 제한에 관한 설명으로 옳은 것을 모두 고른 것은?

㉠ 본인의 허락이 있거나 부득이한 사유가 있는 경우에는 자기계약과 쌍방대리가 허용된다.
㉡ 자기계약과 쌍방대리 금지규정에 위반한 대리행위는 무효이다.
㉢ 대리인이 수인인 경우 각자 본인을 대리하여야 하며 이에는 예외가 없다.
㉣ 공동대리의 제한이 있는 경우 의사결정만 공동으로 하면 되고 표시행위는 일부의 대리인이 하더라도 무방하다.

① ㉣
② ㉠, ㉡
③ ㉡, ㉣
④ ㉢, ㉣
⑤ ㉠, ㉡, ㉣

암기체크 ☐☐☐

해설
㉠ ✘ 본인의 허락이 있거나 채무의 이행의 경우에는 예외적으로 자기계약과 쌍방대리가 허용된다. 부득이한 사유는 자기계약과 쌍방대리가 허용되는 사유가 아니다.
㉡ ✘ 무효가 아니라 무권대리행위 즉, 유동적 무효이다.
㉢ ✘ 대리인이 수인인 경우 각자 본인을 대리하는 것이 원칙이다. 그러나 법률규정이나 수권행위에서 공동으로 하기로 제한이 붙어 있는 경우에는 공동으로 대리하여야 한다.
㉣ ◯ 공동대리에 있어서의 공동은 의사결정의 공동을 의미한다. 따라서 의사결정만 공동으로 하면 되고 표시행위는 일부의 대리인이 하더라도 무방하다.

정답 ①

셀프 암기노트 ✎

핵심이론 020 대리행위의 하자

하자 유무의 판단기준이 되는 자

> 제116조【대리행위의 하자】① 의사표시의 효력이 의사의 흠결, 사기, 강박 또는 어느 사정을 알았거나 과실로 알지 못한 것으로 인하여 영향을 받을 경우에 그 사실의 유무는 대리인을 표준하여 결정한다.
> ② 특정한 법률행위를 위임한 경우에 대리인이 본인의 지시에 좇아 그 행위를 한 때에는 본인은 자기가 안 사정 또는 과실로 인하여 알지 못한 사정에 관하여 대리인의 부지를 주장하지 못한다.

출제예상문제

甲은 자신의 X건물의 매매계약체결에 관한 대리권을 乙에게 수여하였고, 乙은 甲을 대리하여 丙과 매매계약을 체결하였다. 다음 설명 중 옳은 것은?

① 계약이 불공정한 법률행위인지가 문제된 경우, 매도인의 궁박, 경솔 및 무경험 여부는 乙을 기준으로 판단하여야 한다.
② 乙이 甲을 위한 것임을 표시하지 아니한 경우 乙이 甲의 대리인임을 丙이 알았더라도 그 의사표시는 乙을 위한 것으로 본다.
③ 乙이 미성년자인 경우, 甲은 乙이 제한능력자임을 이유로 매매계약을 취소할 수 있다.
④ 丙이 乙에게 기망행위를 하였더라도 특별한 사정이 없는 한 乙은 매매계약을 사기를 이유로 취소할 수 없다.
⑤ 乙이 丙에게 강박행위를 한 경우 丙은 甲이 그 사실을 알았거나 알 수 있었을 경우에 한하여 매매계약을 취소할 수 있다.

암기체크 □□□

해설
① ✕ 궁박은 본인 甲을 기준으로 판단하여야 하고, 경솔과 무경험은 대리인 乙을 기준으로 판단하여야 한다.
② ✕ 대리인이 현명하지 않았더라도 상대방이 대리인으로서 한 것임을 알았거나 알 수 있었을 경우에는 본인에게 법률효과가 귀속한다. 따라서 丙이 乙이 甲의 대리인임을 알았으므로 법률효과는 본인 甲에게 귀속한다.
③ ✕ 대리인은 행위능력자임을 요하지 아니한다. 따라서 乙이 미성년자이더라도 甲은 乙이 제한능력자임을 이유로 매매계약을 취소할 수 없다.
④ ◯ 임의대리인은 본인의 특별수권이 없는 한 취소권을 행사할 수 없다. 따라서 丙이 乙에게 기망행위를 하였더라도 특별수권이 없는 한 乙은 매매계약을 사기를 이유로 취소할 수 없다.
⑤ ✕ 대리인이 상대방에게 사기나 강박을 한 경우 상대방은 언제나(본인의 선의, 악의를 불문한다는 의미임) 자신의 의사표시를 취소할 수 있다. 따라서 丙은 甲의 선의, 악의를 불문하고 매매계약을 취소할 수 있다.

정답 ④

셀프 암기노트 ✎

핵심이론 021 대리의 3면관계

대리권 소멸사유

① 본인의 사망
② 대리인의 사망
③ 성년후견의 개시
④ 파산

본사대성파

> **출제예상문제**
>
> 甲은 자신의 X토지를 매도하기 위하여 乙에게 대리권을 수여하였고, 乙은 甲을 대리하여 丙과 매매계약을 체결하였다. 다음 설명 중 틀린 것은?
>
> ① 乙이 성년후견개시의 심판을 받은 경우, 乙의 대리권은 소멸한다.
> ② 乙은 甲의 허락이 있으면 甲을 대리하여 자신이 X토지를 매수하는 계약을 체결할 수 있다.
> ③ 甲은 특별한 사정이 없는 한 언제든지 乙에 대한 수권행위를 철회할 수 있다.
> ④ 甲의 수권행위는 불요식행위로서 묵시적인 방법에 의해서도 가능하다.
> ⑤ 乙의 대리권은 특별한 사정이 없는 한 丙과의 계약을 해제할 권한을 포함한다.

암기체크 □□□

해설
① ○ 본인의 사망과 대리인의 사망, 성년후견의 개시, 파산이 대리권 소멸사유이다. 따라서 乙이 성년후견개시의 심판을 받은 경우, 乙의 대리권은 소멸한다.
② ○ 본인의 허락이 있는 경우와 채무의 이행은 자기계약과 쌍방대리가 허용된다. 따라서 乙은 甲의 허락이 있으면 甲을 대리하여 자신이 X토지를 매수하는 계약을 체결할 수 있다.
③ ○ 본인은 대리인에 대한 수권행위를 언제든지 철회할 수 있다.
④ ○ 수권행위는 불요식행위이므로 서면으로뿐만 아니라 구두로도 할 수 있으며, 명시적으로뿐만 아니라 묵시적으로도 할 수 있다.
⑤ ✕ 매매계약체결의 대리권에는 계약해제에 관한 권한은 포함되지 않는다. 따라서 乙은 甲의 특별수권이 없는 한 丙과의 계약을 해제할 수 없다.

정답 ⑤

셀프 암기노트 ✎

핵심이론 022 복대리

1. 복대리인

① 대리인이
② 대리권의 범위 내에서
③ 자신의 이름으로
④ 선임한
⑤ 본인의 대리인

> **심's 암기코드**
> 1. 복대리인: 대범내가 자이랑 선본대
> 2. 임의대리인이 복임행위를 할 수 있는 경우: 승부

2. 임의대리인이 복임행위를 할 수 있는 경우

① 본인의 승낙이 있는 경우
② 부득이한 사유가 있는 경우

출제예상문제

복대리에 관한 다음 설명 중 틀린 것은?

① 복대리인은 대리인의 대리인이 아니라 본인의 대리인이다.
② 대리인이 복대리인을 선임한 후 사망한 경우, 특별한 사정이 없는 한 복대리권도 소멸한다.
③ 임의대리인이 본인의 승낙을 얻어서 복대리인을 선임한 경우, 본인에 대하여 그 선임·감독에 관한 책임이 없다.
④ 법정대리인은 부득이한 사유가 없더라도 복대리인을 선임할 수 있다.
⑤ 복대리인의 대리행위에 대하여도 표현대리에 관한 규정이 적용될 수 있다.

암기체크 □□□

해설
① ○ 복대리인이 한 법률효과는 본인에게 귀속되므로 복대리인은 본인의 대리인이다.
② ○ 복대리권은 대리권에 종속한다. 따라서 대리인이 사망하면 복대리권도 같이 소멸한다.
③ ✗ 임의대리인은 본인의 승낙이 있거나 부득이한 사유가 있는 때에는 복대리인을 선임할 수 있고, 이 경우에는 본인에 대하여 <u>원칙적으로 선임·감독상의 과실책임을 진다</u>.
④ ○ 법정대리인은 언제나 복대리인을 선임할 수 있다.
⑤ ○ 복대리인의 대리행위에 대하여도 표현대리에 관한 규정이 적용될 수 있다. 예를 들어 복대리인이 대리권의 범위를 넘는 행위를 한 때에는 제126조의 권한을 넘은 표현대리가 성립할 수 있다.

정답 ③

셀프 암기노트 ✎

023 무권대리

무권대리행위의 상대방의 최고

> 제131조【상대방의 최고권】대리권 없는 자가 타인의 대리인으로 계약을 한 경우에 상대방은 상당한 기간을 정하여 본인에게 그 추인 여부의 확답을 최고할 수 있다. 본인이 그 기간 내에 확답을 발하지 아니한 때에는 추인을 거절한 것으로 본다.

무권대리의 경우에는 발신주의를 취하고, 확답을 발하지 아니한 때에는 추인을 거절한 것으로 본다.

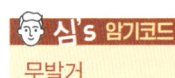
무발거

출제예상문제

무권대리인 乙이 甲을 대리하여 甲 소유의 X건물을 丙에게 매도하는 계약을 체결하였다. 다음 설명 중 옳은 것을 모두 고른 것은?

㉠ 甲이 추인하면, 특별한 사정이 없는 한 매매계약은 계약 시에 소급하여 효력이 생긴다.
㉡ 丙이 계약 당시에 乙에게 대리권 없음을 알았더라도 매매계약을 철회할 수 있다.
㉢ 丙이 상당한 기간을 정하여 甲에게 추인 여부의 확답을 최고한 경우, 甲이 그 기간 내에 확답을 발하지 않은 때에는 추인을 거절한 것으로 본다.
㉣ 乙이 甲을 단독상속한 경우, 甲의 지위에서 추인을 거절하더라도 이는 신의성실의 원칙에 반하지 않는다.

① ㉠, ㉡
② ㉠, ㉢
③ ㉠, ㉣
④ ㉡, ㉢
⑤ ㉡, ㉣

> 해설

㉠ ○ 무권대리의 추인은 소급효가 있다. 따라서 甲이 추인하면, 특별한 사정이 없는 한 매매계약은 계약 시에 소급하여 효력이 생긴다.
㉡ ✕ 선의자만 철회권을 행사할 수 있다. 따라서 丙이 계약 당시에 乙에게 대리권 없음을 안 경우에는 매매계약을 철회할 수 없다.
㉢ ○ 대리권 없는 자가 타인의 대리인으로 계약을 한 경우에 상대방은 상당한 기간을 정하여 본인에게 그 추인 여부의 확답을 최고할 수 있고, 본인이 그 기간 내에 확답을 발하지 아니한 때에는 추인을 거절한 것으로 본다.
㉣ ✕ 무권대리인이 본인을 단독상속한 경우 추인거절권을 행사하는 것은 신의칙에 반하므로 허용되지 않는다.

정답 ②

셀프 암기노트 ✎

024 표현대리

제126조의 권한을 넘은 표현대리의 요건

① **기**본대리권이 있을 것
② **월**권행위가 있을 것
③ 상대방에게 **정**당한 이유가 있을 것

기월정

출제예상문제

표현대리에 관한 설명으로 틀린 것을 모두 고르면?

㉠ 표현대리가 성립하더라도 상대방에게 과실이 있는 경우에는 과실상계의 법리를 유추적용하여 본인의 책임을 감경할 수 있다.
㉡ 사회통념상 대리권의 존재를 추단할 수 있는 직함이나 명칭 등의 사용을 승낙·묵인한 것은 대리권수여의 표시에 해당한다.
㉢ 등기신청권을 수여받은 자가 그 부동산을 대물변제로 제공한 경우에도 제126조의 권한을 넘은 표현대리가 성립할 수 있다.
㉣ 대리인이 대리권 소멸 후 복대리인을 선임하여 복대리인으로 하여금 상대방과 사이에 대리행위를 하도록 한 경우에는 제129조의 표현대리가 성립할 수 없다.

① ㉠, ㉡
② ㉠, ㉢
③ ㉠, ㉣
④ ㉡, ㉢
⑤ ㉡, ㉣

암기체크 □□□

> 해설

㉠ ✗ 표현대리가 성립하는 경우 본인은 표현대리행위에 기하여 전적인 책임을 져야 하므로, 상대방에게 과실이 있다고 하더라도 과실상계의 법리를 유추적용하여 본인의 책임을 감경할 수는 없다.

㉡ ○ 대리권수여의 표시는 반드시 대리권 또는 대리인이라는 말을 사용하여야 하는 것이 아니라 사회통념상 대리권의 존재를 추단할 수 있는 직함이나 명칭 등의 사용을 승낙·묵인한 경우에도 이에 해당한다.

㉢ ○ 제126조의 권한을 넘은 표현대리의 경우 기본대리권이 사인(私人)의 공법행위를 할 권한도 기본대리권에 해당하고 월권행위는 기본대리권의 행위와 동종·유사할 필요가 없다. 따라서 등기신청권을 수여받은 자가 그 부동산을 대물변제로 제공한 경우에도 제126조의 표현대리가 성립할 수 있다.

㉣ ✗ 대리인이 대리권 소멸 후 직접 상대방과 사이에 대리행위를 하는 경우는 물론 대리인이 대리권 소멸 후 복대리인을 선임하여 복대리인으로 하여금 상대방과 사이에 대리행위를 하도록 한 경우에도 제129조의 <u>대리권 소멸 후의 표현대리가 성립할 수 있다.</u>

정답 ③

셀프 암기노트 ✎

핵심이론 025 법률행위의 무효

무효사유

① 권리능력 흠결
② 의사무능력
③ 법률행위의 목적을 확정할 수 없는 경우
④ 원시적·객관적·전부불능
⑤ 강행규정(효력법규) 위반
⑥ 반사회적 법률행위
⑦ 불공정한 법률행위
⑧ 상대방이 표의자의 진의 아님을 알았거나 알 수 있었을 경우
⑨ 통정허위표시
⑩ 불법조건부 법률행위
⑪ 기성조건이 해제조건인 법률행위
⑫ 불능조건이 정지조건인 법률행위

출제예상문제

법률행위의 무효에 관한 설명으로 옳은 것을 모두 고른 것은?

㉠ 반사회적 법률행위와 통정허위표시는 절대적 무효에 해당한다.
㉡ 법률행위가 가분적이고 나머지 부분만이라도 유지하려는 당사자의 가상적 의사가 인정되는 경우에는 그 일부만을 취소할 수 있다.
㉢ 무효행위의 전환에 필요한 당사자의 의사는 가상적 의사이면 충분하며, 불요식행위를 요식행위로 전환할 수 있다.
㉣ 반사회적 법률행위와 불공정한 법률행위 및 강행법규 위반으로 무효인 법률행위는 추인하더라도 아무런 효력이 생기지 않는다.

① ㉡, ㉢
② ㉡, ㉣
③ ㉢, ㉣
④ ㉡, ㉢, ㉣
⑤ ㉠, ㉡, ㉢, ㉣

암기체크 □□□

해설
㉠ ✗ 무효로서 선의의 제3자에게도 대항할 수 있는 경우를 절대적 무효라고 하고, 무효로서 선의의 제3자에게는 대항할 수 없는 경우를 상대적 무효라고 한다. 반사회적 법률행위는 절대적 무효에 해당하고, 통정허위표시는 상대적 무효에 해당한다.
㉡ ○ 일부무효의 법리를 유추적용하여 일부취소도 인정된다. 따라서 법률행위가 가분적이고 나머지 부분만이라도 유지하려는 당사자의 가상적 의사가 인정되는 경우에는 그 일부만을 취소할 수 있다.
㉢ ✗ 무효행위의 전환의 경우 요건이 완화되는 쪽으로 전환이 이루어지는 것이다. 따라서 불요식행위를 요식행위로 전환하는 것은 허용되지 않는다.
㉣ ○ 무효행위의 추인은 무효원인이 소멸한 후에 하여야 한다. 따라서 통정허위표시에 해당하는 행위에 대해서는 무효행위의 추인이 인정되지만, 반사회적 법률행위와 불공정한 법률행위 및 강행법규 위반으로 무효인 법률행위에 대해서는 무효행위의 추인이 인정되지 않는다.

정답 ②

셀프 암기노트 ✎

026 토지거래허가구역 내의 토지거래계약

확정적 무효로 되는 경우

① 처음부터 허가를 배제하거나 잠탈을 기도한 경우
② 적법한 절차를 거쳐 이루어진 신청에 대하여 관할관청의 불허가처분이 확정된 경우
③ 당사자 쌍방이 허가신청협력의무 거절의사를 명백히 표시한 경우
④ 허가 전의 토지거래계약이 정지조건부 계약인 경우 그 조건이 토지거래허가를 받기 전에 이미 불성취로 확정된 경우

출제예상문제

甲은 토지거래허가구역 내의 자신의 토지를 허가를 전제로 乙에게 매도하고 계약금 1천만원을 지급받았다. 다음 설명 중 옳은 것을 모두 고른 것은?

㉠ 乙은 토지거래허가가 있을 것을 조건으로 하여 甲을 상대로 소유권이전등기절차의 이행을 청구할 수 없다.
㉡ 甲이 乙의 중도금 미지급을 이유로 계약해제의 통지를 하자, 乙이 甲의 토지에 가압류를 하였다면 해당 매매계약은 확정적 무효로 된다.
㉢ 토지거래허가를 받기 전에 乙은 계약금에 대한 부당이득반환청구를 할 수 있다.
㉣ 토지거래허가를 받은 후에는 甲은 계약금의 배액을 상환하고 계약을 해제할 수 없다.

① ㉠, ㉡
② ㉠, ㉢
③ ㉠, ㉣
④ ㉡, ㉢
⑤ ㉡, ㉣

암기체크 □□□

[해설]
㉠ ○ 유동적 무효상태에서는 채권적 효력이 없으므로 각 당사자는 거래계약상의 채무의 이행을 청구할 수 없다. 따라서 乙은 토지거래허가가 있을 것을 조건으로 하여 甲을 상대로 소유권이전등기절차의 이행을 청구할 수 없다.
㉡ ○ 甲이 乙의 중도금 미지급을 이유로 계약해제의 통지를 하자, 乙이 甲의 토지에 가압류를 하였다면 이는 당사자 쌍방이 협력의무이행거절의 의사를 명백히 표시한 것으로 볼 수 있으므로 해당 매매계약은 확정적 무효로 된다.
㉢ ✕ 유동적 무효상태에서는 이미 지급한 계약금에 대한 부당이득반환청구가 허용되지 않는다. 따라서 <u>토지거래허가를 받기 전에는 乙은 계약금에 대한 부당이득반환청구를 할 수 없다.</u>
㉣ ✕ 해약금에 의한 계약해제는 당사자 일방이 이행에 착수할 때까지만 할 수 있다. 그런데 토지거래허가를 받은 것은 <u>부수적 채무를 이행한 데에 불과하므로</u> 이는 <u>이행의 착수에 해당하지 않는다.</u> 따라서 <u>토지거래허가를 받았더라도 甲은 계약금의 배액을 상환하고 계약을 해제할 수 있다.</u>

정답 ①

셀프 암기노트 ✎

핵심이론 027 법률행위의 취소

취소권자

취소할 수 있는 법률행위는 제한능력자, 착오로 인하거나 사기·강박에 의하여 의사표시를 한 자, 그의 대리인 또는 승계인만이 취소할 수 있다.

>  심's 암기코드
> 취소는 제착사에 있는 강대승만 할 수 있다.

출제예상문제

법률행위의 취소에 관한 설명으로 옳은 것을 모두 고른 것은?

㉠ 제한능력자는 선의·악의를 불문하고 현존이익 한도에서 반환하면 된다.
㉡ 취소권은 취소할 수 있는 날로부터 3년 내에, 법률행위를 한 날로부터 10년 내에 행사하여야 한다.
㉢ 법정대리인은 취소의 원인이 소멸된 후에만 제한능력자의 법률행위에 대해 추인할 수 있다.
㉣ 제한능력자가 취소의 원인이 소멸된 후에 이의를 보류하지 않고 상대방에게 이행을 청구하면 추인한 것으로 본다.

① ㉠, ㉡
② ㉠, ㉣
③ ㉡, ㉢
④ ㉡, ㉣
⑤ ㉢, ㉣

> 해설

ㄱ. ○ 제한능력자는 선의·악의를 불문하고 취소할 수 있는 행위로 인하여 얻은 이익이 현존하는 한도에서만 반환하면 된다.
ㄴ. ✕ '취소할 수 있는 날'이 아니라 '추인할 수 있는 날'이다.
ㄷ. ✕ 법정대리인은 취소의 원인이 소멸되기 전에도 얼마든지 제한능력자의 법률행위를 추인할 수 있다.
ㄹ. ○ 제한능력자가 취소의 원인이 소멸된 후에 이의를 보류하지 않고 상대방에게 이행을 청구하면 추인한 것으로 보는데, 이를 법정추인이라고 한다.

정답 ②

셀프 암기노트

핵심이론 028 조건과 기한

조건부 법률행위

① <mark>불</mark>능조건이 <mark>정</mark>지조건이면 그 법률행위는 <mark>무</mark>효이고, 불능조건이 해제조건이면 조건 없는 법률행위로 된다.
② <mark>기</mark>성조건이 <mark>해</mark>제조건이면 그 법률행위는 <mark>무</mark>효이고, 기성조건이 정지조건이면 조건 없는 법률행위로 된다.
③ 조건부 권리 실현방법: <mark>처</mark>분, <mark>상</mark>속, <mark>보</mark>존, <mark>담</mark>보

> **심's 암기코드**
> ① 불정무
> ② 기해무
> ③ 처상보담

출제예상문제

조건과 기한에 관한 설명으로 옳은 것을 모두 고른 것은?

㉠ 조건이 성취된 해제조건부 법률행위는 특약이 없는 한 소급하여 효력을 잃는다.
㉡ 조건의 성취 여부가 미정인 권리도 담보로 할 수 있다.
㉢ 조건이 법률행위 당시에 이미 성취한 것인 경우에는 그 조건이 해제조건이면 조건 없는 법률행위로 하고, 정지조건이면 그 법률행위는 무효로 한다.
㉣ 기한은 채무자의 이익을 위한 것으로 본다.

① ㉠
② ㉡
③ ㉢
④ ㉣
⑤ ㉠, ㉣

암기체크 □□□

해설

㉠ ✗ 조건부 법률행위는 원칙적으로 조건이 성취한 때로부터 효력이 발생하거나 소멸한다(장래효가 원칙). 따라서 조건이 성취된 해제조건부 법률행위는 특약이 없는 한 조건이 성취한 때로부터 효력을 잃는다.

㉡ ○ 조건의 성취 여부가 미정인 권리도 처분, 상속, 보존, 담보로 할 수 있다.

㉢ ✗ 조건이 법률행위 당시에 이미 성취한 것인 경우를 기성조건이라고 한다. 그리고 기성조건이 해제조건이면 그 법률행위는 무효이고, 기성조건이 정지조건이면 조건 없는 법률행위로 된다.

㉣ ✗ '본다'가 아니라 '추정한다'이다. 추정과 간주는 다르다. 추정과 간주는 둘 다 입증곤란을 구제하기 위한 제도인데, 추정은 입증책임의 전환을 가져오므로 추정되는 사실을 부정하는 자가 추정되는 사실과 다른 사실을 추후에 반증을 통해 이를 번복할 수 있다. 그러나 간주는 반증만으로 추정되는 사실을 번복할 수 없고 반드시 재판을 통해서만 이를 번복할 수 있다.

정답 ②

셀프 암기노트 ✎

PART 2

물권법

- 029 물권의 의의와 종류
- 030 물권적 청구권
- 031 물권의 변동
- 032 물권의 변동과 침해
- 033 등기청구권
- 034 청구권보전의 가등기
- 035 등기의 추정력
- 036 중간생략등기
- 037 물권의 소멸
- 038 점유의 개념
- 039 점유권의 의의
- 040 점유의 종류
- 041 점유자와 회복자의 관계
- 042 점유권의 효력
- 043 소유권 일반
- 044 주위토지통행권
- 045 취득시효 일반
- 046 취득시효 완성 후의 법률관계
- 047 공유의 법률관계
- 048 지상권의 효력
- 049 구분지상권
- 050 분묘기지권
- 051 관습법상의 법정지상권
- 052 지역권
- 053 전세권 일반
- 054 전세권의 효력
- 055 유치권 일반
- 056 유치권의 효력
- 057 저당권의 효력범위
- 058 저당권의 피담보권 범위
- 059 제366조의 법정지상권
- 060 저당권의 효력
- 061 공동저당
- 062 근저당

029 물권의 의의와 종류

관습법상의 물권이 아닌 경우

① **온**천권
② **사**도통행권
③ **근**린공원이용권
④ **미**등기매수인의 법적 지위

온사근미

출제예상문제

물권에 관한 설명으로 틀린 것을 모두 고르면?

㉠ 물권은 물건을 객체로 하여서만 성립하며, 장래에 생길 물건도 물권의 객체가 될 수 있다.
㉡ 소유권과 점유권은 병존하며, 제한물권은 언제나 소유권에 우선하므로 순위의 원칙이 적용되는 경우는 제한물권 상호 간의 우열에 한한다.
㉢ 물권법정주의로 인해 법률에서 정하는 물권의 내용과 다른 내용을 당사자가 정하는 것은 원칙적으로 허용되지 않는다.
㉣ 근린공원이용권은 관습법상의 물권이 아니며, 명인방법을 갖춘 수목의 집단은 저당권의 객체가 될 수 있다.

① ㉠, ㉢
② ㉠, ㉣
③ ㉡, ㉢
④ ㉡, ㉣
⑤ ㉢, ㉣

암기체크 ☐☐☐

> 해설
> ㉠ ✗ 물권의 객체는 물건 + 권리이다. 그리고 물권의 객체로서의 물건은 현존해야 하고 특정되어야 하며 독립성이 있어야 한다. 따라서 <u>장래에 생길 물건에 대해서는 물권이 성립할 수 없다</u>.
> ㉡ ○ 소유권과 점유권은 병존한다. 그리고 소유권과 제한물권이 충돌하는 경우에는 예외 없이 제한물권이 소유권에 우선한다. 따라서 제한물권과 제한물권이 충돌할 때에만 순위의 원칙이 적용된다.
> ㉢ ○ 물권은 법률 또는 관습법에 의하는 외에는 임의로 창설하지 못하는데, 이를 물권법정주의라 한다. 이때 '임의로 창설하지 못한다.'의 의미는 종류강제 + 내용강제이다. 따라서 새로운 종류의 물권을 창설할 수 없을 뿐만 아니라 법률에서 정하는 물권의 내용과 다른 내용을 정하는 것도 허용되지 않는다.
> ㉣ ✗ 입목(입목에 관한 법률에 의하여 등기된 수목의 집단)은 저당권의 객체가 될 수 있으나, <u>명인방법을 갖춘 수목의 집단은 저당권의 객체가 될 수 없다</u>.
>
> 정답 ②

셀프 암기노트 ✏

핵심이론 030 물권적 청구권

물권적 청구권의 요건

① 물권에 대한 침해 또는 침해의 염려가 있을 것(침해자의 고의·과실은 필요 X)
② 권리자는 침해된 물권의 정당한 소지자일 것
③ 상대방은 현재 방해상태를 지배하는 자일 것

출제예상문제

물권적 청구권에 관한 설명으로 옳은 것을 모두 고른 것은? (다툼이 있으면 판례에 따름)

㉠ 甲 소유의 토지에 乙이 무단으로 건물을 신축한 후 乙이 丙에게 건물을 임대차한 경우 甲은 乙과 丙 모두를 상대로 건물철거청구를 할 수 있다.
㉡ 토지의 소유권을 양도하여 소유권을 상실한 전(前) 소유자도 그 토지 일부의 불법점유자에 대하여 소유권에 기한 방해제거청구를 할 수 있다.
㉢ 소유자는 자신의 소유권을 방해할 염려 있는 행위를 하는 자에 대하여 그 예방이나 손해배상의 담보를 청구할 수 있다.

① ㉠
② ㉢
③ ㉠, ㉡
④ ㉡, ㉢
⑤ ㉠, ㉡, ㉢

암기체크 ☐ ☐ ☐

해설
㉠ ✗ 건물철거청구는 건물에 대한 처분권한을 가지고 있는 자에게 행사하여야 한다. 따라서 임차인 丙은 건물에 대한 처분권한이 없으므로 甲은 건물소유자인 임대인 乙에게만 건물철거청구를 하여야 한다.
㉡ ✗ 소유권에 기한 물권적 청구권은 소유권과 분리하여 양도할 수 없으므로 소유권을 상실한 전 소유자는 소유권에 기한 물권적 청구권을 행사하지 못한다.
㉢ ○ 소유자는 소유권을 방해할 염려 있는 행위를 하는 자에 대하여 그 예방이나 손해배상의 담보를 청구할 수 있다.

정답 ②

셀프 암기노트 ✎

핵심이론 031 물권의 변동

부동산물권변동의 원인

제186조【부동산물권변동의 효력】부동산에 관한 법률행위로 인한 물권의 득실변경은 등기하여야 그 효력이 생긴다.

제187조【등기를 요하지 아니하는 부동산물권취득】 상속, 공용징수, 판결, 경매 기타 법률의 규정에 의한 부동산에 관한 물권의 취득은 등기를 요하지 아니한다. 그러나 등기를 하지 아니하면 이를 처분하지 못한다.

제188조【동산물권양도의 효력, 간이인도】① 동산에 관한 물권의 양도는 그 동산을 인도하여야 효력이 생긴다.

> **심's 암기코드**
> 법률규정에 의한 부동산 물권변동: 상공판경

출제예상문제

다음 중 등기하여야 물권변동의 효력이 생기는 경우를 모두 고른 것은?

㉠ 부동산소유권이전등기청구소송에서 원고의 승소판결이 확정된 경우
㉡ 매매계약이 해제되어 매도인에게 소유권이 복귀하는 경우
㉢ 신축한 건물에 대해 계약을 통해 전세권을 취득하는 경우
㉣ 공유물분할판결이 확정되어 각 공유자가 분할된 부동산에 대해 각각 소유권을 취득하는 경우

① ㉠, ㉢
② ㉠, ㉣
③ ㉡, ㉢
④ ㉡, ㉣
⑤ ㉢, ㉣

암기체크 □□□

해설
㉠ O 부동산소유권이전등기청구소송에서 원고의 승소판결이 확정된 경우는 이행판결에 해당하므로 등기해야 소유권을 취득한다.
㉡ X 매매계약이 해제된 경우에는 말소등기 없이도 소유권은 당연히 매도인에게 복귀한다.
㉢ O 건물을 신축한 자가 신축한 건물에 대해 소유권을 취득할 때에는 등기가 필요 없다. 그러나 신축한 건물에 대해 계약을 통해 전세권을 취득하는 경우에는 등기를 하여야 전세권을 취득한다.
㉣ X 공유물분할판결이 확정된 경우는 형성판결에 해당하므로 각 공유자는 등기 없이도 분할된 부동산에 대해 각각 소유권을 취득한다.

정답 ①

셀프 암기노트

032 물권의 변동과 침해

제187조의 해석론

상속	피상속인이 사망한 때에 등기 없이 물권변동의 효력이 생긴다.
공용징수	재결수용의 방법으로 공용징수가 이루어진 경우 토지수용위원회에서 정한 보상금이 지급 또는 공탁되면 사업시행자는 수용개시일에 등기 없이 토지소유권을 원시취득한다.
판결	제187조에서 말하는 판결은 형성판결에 한하고(이행판결과 확인판결은 포함 X), 판결 확정 시에 등기 없이 물권변동의 효력이 생긴다.
경매	제187조에서 말하는 경매는 공경매에 한하고, 경락인이 경락대금을 완납한 때에 물권변동의 효력이 생긴다.
기타	신축건물의 소유권취득, 법정지상권의 취득, 관습법상의 법정지상권의 취득, 혼동으로 인한 물권의 소멸, 존속기간 만료로 인한 용익물권의 소멸, 건물전세권의 법정갱신, 피담보채권의 소멸로 인한 저당권의 소멸

출제예상문제

물권의 변동과 침해에 관한 설명으로 틀린 것은?

① 미등기 무허가건물의 양수인은 소유권이전등기를 경료받지 않은 경우 소유권에 준하는 관습법상의 물권을 취득한 것으로 볼 수 없다.
② 소유자는 물권적 청구권에 의하여 방해제거비용 또는 방해예방비용을 청구할 수 없다.
③ 등기를 요하지 않는 물권취득의 원인인 판결이란 형성판결을 의미한다.
④ 부동산물권변동 후 그 등기가 원인 없이 말소되었더라도 그 물권변동의 효력에는 영향이 없다.
⑤ 저당권설정등기가 불법말소된 후 목적 부동산이 경매절차에서 경락된 경우 저당권자는 말소회복등기를 청구할 수 있다.

암기체크 ☐☐☐

해설
① ○ 미등기매수인의 법적 지위는 관습법상의 물권이 아니다.
② ○ 물권적 청구권의 내용은 반환청구, 방해제거청구, 방해예방청구이다. 따라서 물권적 청구권의 내용으로 비용을 청구하는 것은 허용되지 않는다.
③ ○ 제187조의 판결은 오로지 형성판결에 한한다.
④ ○ 등기는 물권의 효력발생요건이지 존속요건이 아니므로 등기가 불법으로 말소되더라도 물권은 그대로 존속한다.
⑤ ✕ 저당권설정등기가 불법말소된 경우 원칙적으로 저당권은 그대로 존속한다. 그러나 저당부동산이 경매절차에서 경락된 경우에는 저당권도 소멸하므로 이 경우에는 저당권자는 말소회복등기를 청구할 수 없고, 자신의 배당금을 받은 자를 상대로 부당이득반환청구를 하여야 한다.

정답 ⑤

셀프 암기노트 ✎

핵심이론 033 등기청구권

1. 등기청구권이 물권적 청구권인 경우

① 위조: 등기가 실체적 권리관계에 부합하지 않는 경우
② 설정: 법정지상권자의 법정지상권설정등기청구권
③ 해제: 매매계약이 해제·취소된 경우 매도인의 말소등기청구

2. 등기청구권의 양도

① 부동산매매로 인한 소유권이전등기청구권은 통상의 채권양도의 법리에 따라 양도될 수 없다.
② 취득시효완성으로 인한 등기청구권은 통상의 채권양도 법리에 따라 양도할 수 있다.

출제예상문제

등기청구권에 관한 설명으로 틀린 것은?

① 등기청구권과 등기신청권은 개념상 구별된다.
② 매매계약의 해제로 인한 매도인의 매수인에 대한 말소등기청구권은 물권적 청구권에 해당한다.
③ 점유취득시효의 완성으로 인한 소유권이전등기청구권은 채권적 청구권에 해당한다.
④ 부동산의 매수인이 부동산을 인도받아 사용·수익하고 있는 한 매수인의 등기청구권은 소멸시효에 걸리지 않는다.
⑤ 위 ④의 경우 부동산의 매수인이 제3자에게 그 부동산을 처분하고 점유를 승계하여 준 경우에는 소유권이전등기청구권의 소멸시효는 진행한다.

암기체크 □□□

해설
① ○ 등기청구권은 등기권리자가 등기의무자에게 등기를 이전해 줄 것을 요구하는 권리이므로 사법상의 권리이다. 그리고 등기신청권은 개인이 국가기관인 등기관에게 등기부에 일정한 사항을 기록해 줄 것을 요구하는 권리이므로 공법상의 권리이다.
② ○ 매매계약이 해제된 경우 소유권은 당연히 매도인에게 복귀하므로 매도인의 매수인에 대한 소유권이전등기 말소등기청구권은 물권적 청구권에 해당한다.
③ ○ 20년간 소유의 의사로 평온, 공연하게 부동산을 점유하는 자는 등기함으로써 그 소유권을 취득한다. 점유취득시효의 완성으로 인한 소유권이전등기청구권은 법률규정에 의해 발생하는 채권적 청구권이다.
④ ○ 부동산의 매수인이 부동산을 인도받아 사용·수익하고 있는 한 이는 등기청구권의 행사로 볼 수 있으므로 매수인의 등기청구권은 소멸시효에 걸리지 않는다.
⑤ ✕ 부동산의 매수인이 제3자에게 그 부동산을 처분하고 점유를 승계하여 준 것은 자신이 부동산을 인도받아 사용·수익하는 것보다 적극적으로 권리를 행사한 것이므로 소유권이전등기청구권의 소멸시효는 진행하지 않는다.

정답 ⑤

셀프 암기노트

핵심이론 034 청구권보전의 가등기

가등기의 효력

① 가등기에 기하여 본등기가 이루어진 경우에도 물권변동의 효력은 본등기한 때에 발생한다.
② 가등기에 기하여 본등기가 이루어진 경우 본등기의 순위는 가등기한 때로 소급한다.
③ 가등기권리자는 가등기 당시의 소유자를 상대로 본등기청구를 하여야 한다.

출제예상문제

청구권보전의 가등기에 관한 설명으로 틀린 것은?

① 물권적 청구권의 보전을 위한 가등기는 할 수 없다.
② 가등기 후부터 가등기에 기한 본등기가 경료되기 전까지 중간처분의 등기를 경료한 자는 그 기간까지의 과실을 적법하게 취득할 수 있다.
③ 가등기에 기한 소유권이전등기청구권이 시효완성으로 소멸된 경우 가등기 이후에 부동산을 취득한 제3자는 가등기권리자에 대하여 그 가등기의 말소를 청구할 수 있다.
④ 가등기에 의하여 순위보전의 대상이 되어 있는 물권변동청구권이 양도된 경우 그 가등기상의 권리의 이전등기를 가등기에 대한 부기등기의 형식으로 경료할 수 있다.
⑤ 소유권이전등기청구권을 보전하기 위한 가등기가 경료된 후에「상가건물 임대차보호법」상 대항력을 취득한 임차인은 그 가등기에 기하여 본등기를 경료한 자에 대하여 임대차의 효력으로써 대항할 수 있다.

암기체크 ☐☐☐

> [해설]

① ○ 채권적 청구권을 보전하기 위한 가등기만 할 수 있고, 물권적 청구권의 보전을 위한 가등기는 할 수 없다.
② ○ 가등기에 기하여 본등기가 이루어진 경우에도 물권변동의 효력은 본등기한 때에 발생한다. 따라서 본등기가 되기 전까지는 중간처분의 등기를 한 자가 소유자로서 본등기 전까지의 과실을 취득할 수 있다.
③ ○ 가등기에 기한 본등기청구권이 소멸시효의 완성으로 소멸한 경우에는 더 이상 본등기를 청구할 수 없으므로 가등기 이후에 부동산을 취득한 제3자는 가등기권리자에 대하여 그 가등기의 말소를 청구할 수 있다.
④ ○ 가등기의 가등기도 가능하다. 즉, 가등기에 의하여 순위보전의 대상이 된 소유권이전등기청구권이 제3자에게 양도된 경우 가등기에 대한 부기등기 형식으로 그 가등기상의 권리의 이전등기를 할 수 있다.
⑤ ✗ 가등기에 기하여 본등기가 이루어진 경우 본등기의 순위는 가등기한 때로 소급하므로 가등기에 기한 본등기를 경료한 자가 가등기가 경료된 후에 「상가건물임대차보호법」상 대항력을 취득한 임차인에 우선한다. 따라서 이 경우에는 임차인이 가등기에 기하여 본등기를 경료한 자에게 임차권을 주장할 수 없다.

정답 ⑤

셀프 암기노트 ✎

핵심이론 035 등기의 추정력

본등기의 효력

① **권**리변동적 효력(창설적 효력)
② **대**항적 효력
③ **순**위확정적 효력: 등기의 순서에 따라 물권의 순위가 결정된다.
④ 추**정**적 효력

> 심's 암기코드
> 권대순정

출제예상문제

등기의 추정력에 관한 설명으로 옳은 것을 모두 고른 것은? (다툼이 있으면 판례에 따름)

> ㉠ 사망자 명의로 신청하여 이루어진 이전등기에는 특별한 사정이 없는 한 추정력이 인정되지 않는다.
> ㉡ 대리에 의한 매매계약을 원인으로 소유권이전등기가 이루어진 경우, 대리권의 존재는 추정된다.
> ㉢ 근저당권등기가 행해지면 피담보채권뿐만 아니라 그 피담보채권을 성립시키는 기본계약의 존재도 추정된다.
> ㉣ 건물 소유권보존등기 명의자가 전(前) 소유자로부터 그 건물을 양수하였다고 주장하는 경우, 전(前) 소유자가 양도사실을 부인하더라도 그 보존등기의 추정력은 깨어지지 않는다.

① ㉠, ㉡
② ㉠, ㉢
③ ㉡, ㉢
④ ㉡, ㉣
⑤ ㉢, ㉣

암기체크 □□□

해설
㉠ O 등기의무자의 사망 전에 등기원인이 이미 존재한 경우가 아닌 한, 사망자 명의로 신청하여 이루어진 이전등기는 원칙적으로 추정력이 없다.
㉡ O 대리에 의한 매매계약을 원인으로 소유권이전등기가 이루어진 경우, 대리권의 존재도 추정된다.
㉢ X 근저당권설정등기의 경우에는 근저당권의 존재뿐만 아니라 그에 상응하는 피담보채권의 존재도 추정되나, 기본계약의 존재는 추정되지 않는다.
㉣ X 소유권보존등기의 명의인이 부동산을 양수받은 것이라 주장하는데 전소유자가 양도사실을 부인하는 경우 보존등기의 추정력은 깨진다.

정답 ①

셀프 암기노트 ✎

036 중간생략등기

중간생략등기의 유효성 여부

① 토지거래허가 구역 내의 토지거래계약에 있어서 중간생략등기의 합의하에 최초매도인과 최종매수인을 매매당사자로 하는 토지거래허가를 받아 최초매도인으로부터 최종매수인 앞으로 경료된 소유권이전등기는 무효이다.
② 최종양수인이 중간자로부터 소유권이전등기청구권을 양도받았다고 하더라도 최초양도인이 그 양도에 대하여 동의하지 않고 있다면 최종양수인은 최초양도인에 대하여 채권양도를 원인으로 하여 소유권이전등기절차이행을 청구할 수 없다.

출제예상문제

甲은 자신의 건물에 대해 乙과 매매계약을 체결하고, 乙은 이를 다시 丙에게 전매하기로 계약을 체결하였다. 다음 설명 중 틀린 것은?

① 甲·乙·丙 간에 중간생략등기의 합의가 없더라도 이미 丙 앞으로 중간생략등기가 경료된 경우 그 등기는 유효하다.
② 甲·乙·丙 간에 중간생략등기의 합의가 있는 경우, 丙은 甲을 상대로 직접 자기 앞으로 소유권이전등기를 경료하여 줄 것을 청구할 수 있다.
③ 甲·乙·丙 간에 중간생략등기의 합의가 없는 경우 丙은 乙을 대위하여 甲을 상대로 乙 앞으로 소유권이전등기를 경료하여 줄 것을 청구할 수 있다.
④ 소유권이전등기청구권의 양도에 대한 甲의 동의가 없는 경우에는 丙은 채권양도를 원인으로 하여 甲을 상대로 직접 자기 앞으로 소유권이전등기를 경료하여 줄 것을 청구할 수 없다.
⑤ 중간생략등기에 관한 甲과 乙 사이의 합의 및 乙과 丙 사이의 합의가 있는 경우에는 甲과 丙 사이에 합의가 없더라도 丙은 甲을 상대로 직접 자기 앞으로 소유권이전등기를 경료하여 줄 것을 청구할 수 있다.

암기체크 ☐☐☐

> 해설

① ○ 이미 중간생략등기가 경료된 경우에는 중간생략등기의 합의가 없더라도 그 등기는 유효하다.
② ○ 중간생략등기의 합의가 있는 경우 최종양수인은 최초양도인을 상대로 직접 자기 앞으로 소유권이전등기를 경료하여 줄 것을 청구할 수 있다.
③ ○ 중간생략등기의 합의가 없는 경우 최종양수인은 중간자를 대위하여 최초양도인을 상대로 중간자 앞으로 소유권이전등기를 경료하여 줄 것을 청구할 수 있다.
④ ○ 부동산매매로 인한 소유권이전등기청구권은 통상의 채권양도의 법리에 따라 양도될 수 없다. 따라서 소유권이전등기청구권의 양도에 대한 최초양도인의 동의가 없으면 최종양수인은 채권양도를 원인으로 하여 최초양도인을 상대로 직접 자기 앞으로 소유권이전등기를 경료하여 줄 것을 청구할 수 없다.
⑤ ✗ 중간생략등기의 합의는 순차적으로 이루어질 수 있으나, 이 경우에는 최초양도인과 중간자의 합의 및 중간자와 최종양수인 사이의 합의 외에 다시 최초양도인과 최종양수인 사이의 합의까지 있어야 한다. 따라서 최초양도인과 최종양수인 사이에 합의가 없는 경우에는 최종양수인은 최초양도인을 상대로 직접 자기 앞으로 소유권이전등기를 경료하여 줄 것을 청구할 수 없다.

정답 ⑤

셀프 암기노트 ✎

037 물권의 소멸

물권의 공통된 소멸 원인

목적물의 **멸**실, **소**멸시효, **포**기, **혼**동, **공**용징수, **몰**수

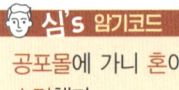
공포몰에 가니 혼이 소멸했다.

출제예상문제

혼동에 의한 물권소멸에 관한 설명으로 옳은 것을 모두 고른 것은?

㉠ 甲의 토지 위에 乙이 1번 저당권, 丙이 2번 저당권을 가지고 있다가 乙이 증여를 받아 토지소유권을 취득하면 1번 저당권은 소멸한다.
㉡ 乙이 甲의 토지 위에 지상권을 설정받고, 丙이 그 지상권 위에 저당권을 취득한 후 乙이 甲으로부터 그 토지를 매수한 경우, 乙의 지상권은 소멸한다.
㉢ 甲의 토지를 乙이 점유하다가 乙이 이 토지의 소유권을 취득하더라도 乙의 점유권은 소멸하지 않는다.
㉣ 甲의 토지 위에 乙이 지상권, 丙이 저당권을 가지고 있는 경우, 丙이 그 소유권을 취득하면 丙의 저당권은 소멸한다.

① ㉠, ㉡　　　　　② ㉠, ㉢
③ ㉠, ㉣　　　　　④ ㉡, ㉢
⑤ ㉢, ㉣

> 암기체크 □□□

해설

㉠ ✗ 1번 저당권자가 저당물에 대한 소유권을 매매(피담보채무를 인수하지 않은 경우에 한함), 증여 또는 교환(피담보채무를 인수하지 않은 경우에 한함)을 원인으로 취득한 경우 <u>1번 저당권이 소멸하면 2번 저당권이 순위가 승진하게 되고 그 결과 1번 저당권자는 배당에 있어서 후순위로 밀리게 된다.</u> 따라서 이 경우에는 <u>1번 저당권자 본인의 이익 보호를 위해 1번 저당권이 소멸하지 않아야 한다.</u>

㉡ ✗ 지상권이 저당권의 목적이 된 때에는 지상권자가 토지소유권을 취득한 경우 지상권이 소멸하게 되면 <u>지상권 위에 저당권을 설정받은 자는 피담보채무의 변제가 없는 경우에 저당권을 실행할 대상을 상실하게 되므로</u> 이때에는 저당권자의 이익 보호를 위하여 <u>지상권이 소멸하지 않아야 한다.</u>

㉢ ○ 소유권과 점유권은 병존하므로 점유권은 혼동으로 소멸하지 않는다.

㉣ ○ 소유권과 저당권이 동일인에게 귀속한 경우 저당권은 혼동으로 소멸한다.

정답 ⑤

셀프 암기노트 ✎

038 점유의 개념

점유권의 보호 내용

① **유리**한 점유로 봐준다.
② **과실**을 취득할 수 있다.
③ **현존**이익 한도에서 반환하면 된다.
④ **비용**상환청구할 수 있다.
⑤ **물권**적 청구권을 행사할 수 있다.
⑥ **자력**구제할 수 있다.

> **심's 암기코드**
> 유리를 깬 과실이 현존하니 비용을 물자

출제예상문제

점유에 관한 설명 중 옳은 것을 모두 고른 것은?

㉠ 건물소유자가 현실적으로 건물이나 그 부지를 점거하지 않더라도 특별한 사정이 없는 한 건물의 부지에 대한 점유가 인정된다.
㉡ 점유자는 소유의 의사로 평온·공연하게 선의이며 과실 없이 점유한 것으로 추정된다.
㉢ 실제 면적이 등기된 면적을 상당히 초과하는 토지를 매수하여 인도받은 경우에도 그 초과부분의 점유는 자주점유이다.
㉣ 점유자의 특정승계인이 자기의 점유와 전(前) 점유자의 점유를 아울러 주장하는 경우, 그 하자도 승계한다.

① ㉡
② ㉠, ㉡
③ ㉠, ㉣
④ ㉢, ㉣
⑤ ㉠, ㉡, ㉣

암기체크 ☐☐☐

해설
㉠ O 건물은 그 부지를 떠나서는 존재할 수 없으므로 건물의 부지는 건물소유자가 현실적으로 건물이나 그 부지를 점거하지 않더라도 건물소유자가 점유하는 것으로 보아야 한다.
㉡ X 점유자는 소유의 의사로 선의, 평온 및 공연하게 점유한 것으로 추정한다. 무과실은 추정되지 않는다.
㉢ X 등기부상의 면적을 상당히 초과한 경우는 소유의 의사가 있다고 보기 어려우므로 이는 타주점유에 해당한다.
㉣ O 점유자의 특정승계인이 자기의 점유와 전(前) 점유자의 점유를 아울러 주장하는 경우를 점유의 병합이라 하는데, 이 경우에는 점유의 하자도 그대로 승계한다.

정답 ③

셀프 암기노트 ✏

핵심이론 039 점유권의 의의

점유의 관념화

> 제193조【상속으로 인한 점유권의 이전】점유권은 상속인에 이전한다.
> 제194조【간접점유】지상권, 전세권, 질권, 사용대차, 임대차, 임치 기타의 관계로 타인으로 하여금 물건을 점유하게 한 자는 간접으로 점유권이 있다.
> 제195조【점유보조자】가사상, 영업상 기타 유사한 관계에 의하여 타인의 지시를 받아 물건에 대한 사실상의 지배를 하는 때에는 그 타인만을 점유자로 한다.

출제예상문제

점유에 관한 설명으로 틀린 것은?

① 가사상, 영업상 기타 유사한 관계에 의하여 타인의 지시를 받아 물건에 대한 사실상의 지배를 하는 때에는 그 타인만을 점유자로 한다.
② 점유의 침탈이 있더라도 점유보조자는 점유물반환청구권을 행사할 수 없다.
③ 지상권, 전세권, 임대차 기타의 관계로 타인으로 하여금 물건을 점유하게 한 자는 간접으로 점유권이 있다.
④ 甲이 乙로부터 임차한 건물을 乙의 동의 없이 丙에게 전대하더라도, 甲은 간접점유자가 될 수 있다.
⑤ 甲으로부터 자전거를 임차한 乙이 이를 임의로 丙에게 양도한 경우 甲은 丙에게 점유물반환청구권을 행사할 수 있다.

암기체크 □□□

해설
① ○ 점유보조자에게는 점유권이 없고 점유주에게만 점유권이 인정된다.
② ○ 점유보조자는 점유권이 없으므로 점유보호청구권을 행사할 수 없다.
③ ○ 간접점유자에게는 점유권이 인정된다.
④ ○ 점유매개관계는 반드시 적법·유효할 필요가 없으므로 무단전대의 경우에도 전대인(임차인)은 간접점유자가 될 수 있다.
⑤ ✕ 제3자가 직접점유자의 점유를 침탈한 경우에는 간접점유자도 점유물반환청구를 할 수 있다. 그러나 직접점유자가 임의로 제3자에게 점유물을 양도한 경우에는 간접점유자는 점유물반환청구를 할 수 없다.

정답 ⑤

셀프 암기노트 ✎

핵심이론 040 점유의 종류

점유자의 점유가 유리하게 취급되는 경우

① 점유자의 점유는 자주·평온·공연·선의로 추정되나, 무과실은 추정되지 않는다.
② 선의의 점유자가 본권에 관한 소에서 패소한 때에는 그 소 제기 시부터 악의의 점유자로 본다.

출제예상문제

점유에 관한 설명으로 틀린 것은?

① 명의신탁에 의하여 부동산을 점유하는 수탁자는 등기부상의 소유자로 기록되어 있더라도 이는 타주점유에 해당한다.
② 처분권한이 없는 자로부터 그 사실을 알면서 부동산을 취득하거나 어떠한 법률행위가 무효임을 알면서 그 법률행위에 의하여 부동산을 취득하여 이루어진 점유는 타주점유이다.
③ 자주점유자라도 소유자가 제기한 소유권이전등기말소청구소송에서 패소한 때에는 그 소 제기 시부터 타주점유자로 본다.
④ 점유자 스스로 자주점유의 권원을 주장하였다가 이것이 인정되지 않은 경우에도 자주점유의 추정이 번복되지 않는다.
⑤ 타주점유자라도 새로운 권원에 의하여 소유의 의사로 점유를 시작한 경우에는 자주점유로 전환될 수 있다.

암기체크 ☐☐☐

해설
① ○ 명의신탁의 경우 실질적으로 소유자로서의 권리행사는 모두 신탁자가 하고 수탁자는 소유권등기만 가지고 있을 뿐이므로 수탁자의 점유는 타주점유이다.
② ○ 처분권한이 없는 자로부터 그 사실을 알면서 부동산을 취득하거나 어떠한 법률행위가 무효임을 알면서 그 법률행위에 의하여 부동산을 취득하여 이루어진 점유는 악의의 무단점유와 같으므로 타주점유에 해당한다.
③ ✕ '소 제기 시부터'가 아니라 '<u>패소판결 확정 시부터</u>' 타주점유자로 본다.
④ ○ 점유자는 자주점유로 추정되므로 소유자가 점유자의 점유가 타주점유임을 입증하여야 한다. 따라서 점유자 <u>스스로</u> 자주점유의 권원을 주장하였다가 이것이 인정되지 않은 경우에도 계속 자주점유로 추정된다.
⑤ ○ 타주점유자라도 새로운 권원에 의하여 다시 소유의 의사로 점유하거나(매매, 증여, 교환은 새로운 권원에 해당하나, 상속은 새로운 권원이 아님), 점유를 시킨 자에게 소유의 의사가 있음을 표시한 경우에는 자주점유로 전환될 수 있다.

정답 ③

셀프 암기노트 ✎

핵심이론 041 점유자와 회복자의 관계

제201조 내지 제203조

① 선의의 점유자는 점유물의 과실을 취득한다. 그러나 악의의 점유자는 수취한 과실을 반환하여야 하며 소비하였거나 과실로 인하여 훼손 또는 수취하지 못한 경우에는 그 과실의 대가를 보상하여야 한다.

② 점유물이 점유자의 책임 있는 사유로 인하여 멸실 또는 훼손한 때에는 선의의 자주점유는 이익이 현존하는 한도에서 배상하여야 한다. 소유의 의사가 없는 점유자는 선의인 경우에도 손해의 전부를 배상하여야 한다.

③ 점유자가 점유물을 반환할 때에는 회복자에 대하여 점유물을 보존하기 위하여 지출한 금액 기타 필요비의 상환을 청구할 수 있다. 또한 점유자가 점유물을 개량하기 위하여 지출한 금액 기타 유익비에 관하여는 그 가액의 증가가 현존한 경우에 한하여 회복자의 선택에 좇아 그 지출금액이나 증가액의 상환을 청구할 수 있다.

암기체크 □□□

출제예상문제

점유자와 회복자의 관계에 관한 설명 중 옳은 것을 모두 고른 것은?

> ㉠ 선의의 점유자는 점유물의 과실을 취득할 수 있으나, 이 경우에는 일체의 필요비를 청구하지 못한다.
> ㉡ 소유권이 있다고 믿은 매수인은 자신의 귀책사유로 매매목적물이 멸실·훼손되더라도 항상 현존이익 한도 내에서만 배상하면 된다.
> ㉢ 점유자는 가액의 증가가 현존하지 않더라도 점유물에 필요비를 지출한 즉시 회복자에게 그 상환을 청구할 수 있다.
> ㉣ 법원이 유익비의 상환을 위하여 상당한 기간을 허여하더라도, 점유자는 유익비를 반환받을 때까지 점유물에 대해 유치권을 행사할 수 있다.

① ㉡
② ㉠, ㉢
③ ㉡, ㉢
④ ㉡, ㉣
⑤ ㉠, ㉡, ㉢

해설

㉠ ✗ '일체의 필요비'가 아니라 '통상의 필요비'를 청구하지 못하는 것이다. 과실과 통상의 필요비는 서로 상계한 것으로 보기 때문이다.

㉡ ○ 소유권이 있다고 믿은 매수인은 선의의 자주점유자이므로 자신의 귀책사유로 매매목적물이 멸실·훼손되더라도 현존이익 한도 내에서만 배상하면 된다.

㉢ ✗ 필요비의 경우에는 가액의 증가가 현존할 필요가 없다. 그러나 점유물을 반환할 때 또는 회복자로부터 반환청구를 받았을 때에 필요비의 상환을 청구할 수 있다.

㉣ ✗ 채권의 변제기 도래는 유치권의 성립요건이다. 따라서 법원이 유익비의 상환을 위하여 상당한 기간을 허여하면 채권의 변제기가 뒤로 늦춰지므로 점유자는 유치권을 행사할 수 없다.

정답 ①

042 점유권의 효력

점유보호청구권

제204조【점유의 회수】① 점유자가 점유의 침탈을 당한 때에는 그 물건의 반환 및 손해의 배상을 청구할 수 있다.
② 전항의 청구권은 침탈자의 특별승계인에 대하여는 행사하지 못한다. 그러나 승계인이 악의인 때에는 그러하지 아니하다.
③ 제1항의 청구권은 침탈을 당한 날로부터 1년 내에 행사하여야 한다.
제205조【점유의 보유】① 점유자가 점유의 방해를 받은 때에는 그 방해의 제거 및 손해의 배상을 청구할 수 있다.
② 전항의 청구권은 방해가 종료한 날로부터 1년 내에 행사하여야 한다.
제206조【점유의 보전】① 점유자가 점유의 방해를 받을 염려가 있는 때에는 그 방해의 예방 또는 손해배상의 담보를 청구할 수 있다.

출제예상문제

甲이 점유하고 있는 X물건을 乙이 침탈한 경우에 대한 설명으로 틀린 것은?
(다툼이 있으면 판례에 따름)

① 甲의 乙에 대한 점유물반환청구권은 침탈당한 날로부터 1년 이내에 행사하여야 하는데, 이는 출소기간이다.
② 乙이 선의의 丙에게 X물건을 매도·인도한 경우, 甲은 丙에 대하여 손해배상을 청구할 수 없다.
③ 乙이 선의의 丙에게 X물건을 매도·인도한 경우, 甲은 丙에 대하여 점유물반환청구권을 행사할 수 있다.
④ 甲이 丁 소유의 X물건을 임차하여 점유하였던 경우, 丁도 乙에 대하여 점유물반환청구권을 행사할 수 있다.
⑤ 만일 甲이 乙의 사기로 인하여 점유를 乙에게 이전한 경우, 乙에 대하여 점유물반환을 청구할 수 없다.

암기체크 □□□

> 해설

① ◯ 점유보호청구권의 행사기간은 출소기간(出訴期間)이므로 반드시 1년의 기간 내에 소를 제기하여야 한다.
② ◯ 손해배상청구권의 상대방은 원래의 침해자이다. 따라서 甲은 손해를 발생시킨 자인 乙에 대해서는 손해배상청구를 할 수 있으나, 특별승계인인 丙에 대해서는 손해배상청구를 할 수 없다.
③ ✕ 점유물반환청구권은 침탈자의 특별승계인이 악의인 경우에만 할 수 있고, <u>선의의 특별승계인에게는 할 수 없다</u>. 따라서 甲은 丙에 대하여 점유물반환청구권을 행사할 수 없다.
④ ◯ 丁은 甲을 매개로 하여 간접으로 점유권을 취득하는 간접점유자이다. 간접점유자는 점유권이 있으므로 점유보호청구권이 인정된다. 따라서 丁은 乙을 상대로 점유물반환청구권을 행사할 수 있다.
⑤ ◯ 사기로 인하여 점유물을 인도한 경우에는 점유의 침탈에 해당하지 않는다. 따라서 甲은 乙에 대하여 점유물반환청구권을 행사할 수 없다.

정답 ③

셀프 암기노트 ✎

043 소유권 일반

부합, 혼화, 가공

제256조【부동산에의 부합】부동산의 소유자는 그 부동산에 부합한 물건의 소유권을 취득한다. 그러나 타인의 권원에 의하여 부속된 것은 그러하지 아니하다.

제257조【동산 간의 부합】동산과 동산이 부합하여 훼손하지 아니하면 분리할 수 없거나 그 분리에 과다한 비용을 요할 경우에는 그 합성물의 소유권은 주된 동산의 소유자에게 속한다. 부합한 동산의 주종을 구별할 수 없는 때에는 동산의 소유자는 부합 당시의 가액의 비율로 합성물을 공유한다.

제258조【혼화】전조의 규정은 동산과 동산이 혼화하여 식별할 수 없는 경우에 준용한다.

제259조【가공】① 타인의 동산에 가공한 때에는 그 물건의 소유권은 원재료의 소유자에게 속한다. 그러나 가공으로 인한 가액의 증가가 원재료의 가액보다 현저히 다액인 때에는 가공자의 소유로 한다.

출제예상문제

소유권에 관한 설명 중 옳은 것을 모두 고른 것은?

> ㉠ 아파트분양권은 소유권의 객체가 될 수 있다.
> ㉡ 매장물은 법률에 정한 바에 의하여 공고한 후 1년 내에 그 소유자가 권리를 주장하지 아니하면 발견자가 그 소유권을 취득한다.
> ㉢ 부동산 간에도 부합이 인정될 수 있으며, 부합으로 소유권을 상실한 자는 부당이득의 요건이 충족되는 경우에 보상을 청구할 수 있다.
> ㉣ 토지임차인의 승낙만 받아 임차토지에 나무를 심은 자는 토지소유자에 대하여 그 나무의 소유권을 주장할 수 있다.

① ㉢
② ㉠, ㉢
③ ㉡, ㉢
④ ㉡, ㉣
⑤ ㉠, ㉢, ㉣

해설

㉠ ✕ 소유권의 객체는 물건에 한한다. 따라서 아파트분양권은 소유권의 객체가 될 수 없다.
㉡ ○ 매장물은 법률에 따른 공고 후 1년 내에 소유자가 나타나지 않을 때 발견자가 소유권을 취득한다.
㉢ ○ 부동산에의 부합에 있어서 부합물은 동산뿐만 아니라 부동산도 포함된다. 따라서 부동산 간에도 부합이 인정될 수 있다. 한편 부합으로 소유권을 상실한 자는 부당이득의 요건이 충족되는 경우에 보상을 청구할 수 있다.
㉣ ✕ 토지임차인은 제3자로 하여금 임차토지에 나무를 심게 할 권리가 없다. 따라서 토지임차인의 승낙만 받아 임차토지에 나무를 심은 자는 결국 토지소유자에 대한 관계에서는 무단으로 토지에 나무를 심은 결과가 되므로 토지소유자에 대하여 그 나무의 소유권을 주장할 수 없다.

정답 ③

핵심이론
044 주위토지통행권

주위토지통행권의 발생요건

① 어느 토지와 공로 사이에 그 토지의 용도에 필요한 통로가 없는 경우에 그 토지소유자는 주위의 토지를 통행 또는 통로로 하지 아니하면 공로에 출입할 수 없거나 과다한 비용을 요하는 때에는 그 주위의 토지를 통행할 수 있고 필요한 경우에는 통로를 개설할 수 있다.

② 분할로 인하여 공로에 통하지 못하는 토지가 있는 경우 그 토지소유자는 공로에 출입하기 위하여 다른 분할자의 토지를 통행할 수 있다. 이 경우에는 보상의 의무가 없다. 또한 토지소유자가 토지의 일부를 양도하여 공로에 통하지 못하는 토지가 있는 경우 그 토지소유자는 공로에 출입하기 위하여 토지의 일부를 양도한 소유자의 토지를 통행할 수 있다. 이 경우에도 보상의 의무가 없다.

출제예상문제

주위토지통행권에 관한 설명으로 옳은 것은?

① 지상권자, 전세권자 및 명의신탁자에게도 주위토지통행권이 인정된다.
② 주위토지소유자는 주위토지통행권자의 허락을 얻어 사실상 통행하고 있는 자에게 손해의 보상을 청구할 수 있다.
③ 주위토지통행권자는 통행에 필요한 통로를 개설할 수 있으므로 그 통로개설이나 유지비용을 부담할 필요가 없다.
④ 토지분할로 인하여 공로에 통하지 못하는 토지가 생긴 경우, 포위된 토지의 특별승계인에게는 무상의 주위토지통행권이 인정되지 않는다.
⑤ 주위토지통행권은 일단 발생하면 나중에 그 토지에 접하는 공로가 개설되어 그 통행권을 인정할 필요가 없어지더라도 소멸하지 않는다.

암기체크 □□□

해설
① ✘ 토지소유자, 지상권자, 전세권자와 같이 토지사용권을 가진 자에게만 주위토지통행권이 인정되고, 대외적으로 토지소유자로 취급되지 않는 명의신탁자에게는 주위토지통행권이 인정되지 않는다.
② ✘ 이 경우에는 주위토지통행권자에게 손해의 보상을 청구하면 되므로 주위토지통행권자의 허락을 얻어 사실상 통행하고 있는 자에게는 손해의 보상을 청구할 수 없다.
③ ✘ 통로개설·유지비용은 주위토지통행권자가 부담하여야 한다.
④ ⭕ 무상통행권은 토지의 직접 분할자 또는 일부 양도의 당사자 사이에만 적용된다. 따라서 포위된 토지의 특별승계인에게는 무상통행권이 인정되지 않는다.
⑤ ✘ 공로가 개설된 경우에는 일단 발생했던 주위토지통행권은 소멸한다.

정답 ④

셀프 암기노트 ✏

핵심이론

045 취득시효 일반

취득시효 완성을 원인으로 한 소유권이전등기청구의 상대방: 취득시효 완성 당시의 소유자

① 취득시효 완성 전에 목적 부동산의 소유권을 취득한 제3자에 대해서는 취득시효 주장이 된다.

② 취득시효 완성 후에 목적 부동산의 소유권을 취득한 제3자에 대해서는 원칙적으로 취득시효 주장이 안 된다.

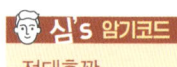
전돼후꽝

출제예상문제

취득시효에 관한 설명으로 옳은 것은?

① 자기 소유의 물건과 국유재산에 대해서는 취득시효가 인정되지 않는다.
② 취득시효 완성 전에 목적 부동산의 소유권을 취득한 제3자에 대해서는 취득시효를 주장할 수 없다.
③ 취득시효 완성 후에 목적 부동산의 소유권을 취득한 제3자에 대해서는 전혀 취득시효를 주장할 수 없다.
④ 시효완성으로 이전등기를 경료받은 자가 취득시효기간 중에 체결한 임대차에서 발생한 차임은 원소유자에게 귀속한다.
⑤ 등기부취득시효에 있어서 선의 · 무과실은 점유의 취득에 관한 요건이며, 시효취득을 주장하는 자가 무과실을 입증하여야 한다.

암기체크 □□□

해설
① ✗ 자기 소유의 물건에 대해서는 취득시효가 인정된다. 국유재산에 대해서는 원칙적으로 취득시효가 인정되지 않고 국유일반재산에 대해서만 취득시효가 인정된다.
② ✗ 취득시효는 취득시효 완성 당시의 소유자에게 주장하는 것이다. 따라서 취득시효 완성 전에 목적 부동산의 소유권을 취득한 제3자에 대해서는 취득시효를 주장할 수 있다.
③ ✗ 취득시효 완성 후에 목적 부동산의 소유권을 취득한 제3자에 대해서는 원칙적으로 취득시효를 주장할 수 없다. 다만 그 제3자에게 소유권이 넘어간 시점을 새로운 기산점으로 삼아도 다시 취득시효가 완성되는 경우(이를 재취득시효라 함)에는 취득시효를 주장할 수 있다.
④ ✗ 취득시효로 인한 권리취득의 효력은 점유를 개시한 때로 소급하므로 취득시효기간 중에 체결한 임대차에서 발생한 차임은 원소유자에게 반환할 필요가 없다.
⑤ ○ 등기부취득시효에 있어서 선의·무과실은 등기에 관한 것이 아니라 점유의 취득에 관한 것이다. 또 점유자는 무과실의 점유로 추정되지 않으므로 시효취득을 주장하는 자가 무과실을 입증하여야 한다.

정답 ⑤

셀프 암기노트 ✎

핵심이론 046 취득시효 완성 후의 법률관계

시효취득되는 권리

① 취득시효를 통하여 취득할 수 있는 권리: 소유권, 지상권, 지역권(계속되고 표현된 것에 한함), 전세권, 질권
② 취득시효를 통하여 취득할 수 없는 권리: 점유권, 유치권, 가족법상의 권리(부양청구권 등), 저당권, 형성권(취소권, 해제권 등)

> **심's 암기코드**
> ① 소지지전질
> ② 점유가저형

출제예상문제

乙은 甲 명의의 토지를 20년간 소유의 의사로 평온 · 공연하게 점유함으로써 취득시효의 완성을 이유로 甲에 대하여 소유권이전등기를 청구할 수 있게 되었다. 다음 설명 중 틀린 것은?

① 乙이 취득시효 완성으로 인한 등기를 경료하지 아니하고 있는 사이에 甲이 丙에게 위 토지를 처분하여 이전등기까지 마쳤다면, 乙은 취득시효 완성을 가지고 丙에게 대항할 수 없다.
② 乙이 甲에 대한 등기청구권을 취득하였지만 자신 명의로 등기를 하지 않은 상태에서, 乙로부터 위 토지를 매수한 丁은 乙의 취득시효 완성의 효과를 주장하여 직접 자기에게 소유권이전등기를 청구할 수는 없다.
③ 乙이 취득시효 완성으로 인한 소유권이전등기청구권을 취득하였더라도 그 후 토지에 대한 점유를 상실하였다면 소유권이전등기청구권의 소멸시효가 진행한다.
④ 甲이 취득시효가 완성된 사실을 알고 丙에게 위 토지를 처분하여 소유권이전등기를 넘겨줌으로써 취득시효 완성을 원인으로 한 소유권이전등기 의무가 이행불능으로 된 경우에는 乙은 채무불이행을 이유로 甲에게 손해배상을 청구할 수 있다.
⑤ 乙이 취득시효 완성으로 인한 등기를 경료하지 아니하고 있는 사이에 甲이 丙에게 위 토지를 처분하여 이전등기가 경료되었다가 그 후 다시 甲에게 소유권이 회복되었다면, 乙은 甲에게 시효취득의 효과를 주장할 수 있다.

암기체크 ☐☐☐

[해설]
① ⭕ 취득시효 완성 후에 목적 부동산의 소유권을 취득한 제3자에 대해서는 원칙적으로 취득시효를 주장할 수 없으므로 乙은 취득시효 완성을 가지고 丙에게 대항할 수 없다.
② ⭕ 시효 완성자로부터 점유를 승계한 자는 점유 자체와 그 하자만을 승계하는 것이지 취득시효 완성으로 인한 법률효과까지 승계하는 것은 아니다. 따라서 丁은 乙의 취득시효 완성의 효과를 주장하여 직접 자기에게 소유권이전등기를 청구할 수 없다.
③ ⭕ 시효 완성자가 목적물을 계속 점유하고 있는 한 취득시효 완성으로 인한 등기청구권은 소멸시효에 걸리지 않는다. 그러나 취득시효 완성 후 시효 완성자가 제3자에게 부동산을 양도한 경우 소유자에 대한 등기청구권이 곧바로 소멸하는 것은 아니나, 점유상실 시부터 소멸시효는 진행한다.
④ ❌ 소유자가 시효 완성사실을 알고 제3자에게 부동산을 양도한 경우에는 소유자는 시효 완성자에게 불법행위책임을 진다. 따라서 乙은 '채무불이행'이 아니라 '불법행위'를 이유로 甲에게 손해배상을 청구할 수 있다.
⑤ ⭕ 취득시효 완성 후 등기 전에 제3자에게 소유권이전등기가 경료되었다가 다시 취득시효 완성 당시의 소유자에게로 소유권이 회복된 경우에는 취득시효를 주장할 수 있다. 따라서 다시 甲에게로 소유권이 회복된 경우에는 乙은 甲에게 취득시효를 주장할 수 있다.

정답 ④

셀프 암기노트 ✏️

핵심이론 047 공유의 법률관계

소나무사건

① 공유물의 소수지분권자가 다른 공유자와의 협의 없이 공유물을 배타적으로 점유하는 경우 다른 소수지분권자는 공유물의 보존행위로서 공유물의 인도를 청구할 수는 없다.
② 이 경우에는 공유물에 대한 공동점유·사용을 방해하는 소수지분권자의 행위에 대한 방해금지나 소수지분권자가 설치한 지상물의 제거 등 방해제거만을 청구할 수 있다.

출제예상문제

甲은 3/5, 乙은 2/5의 지분으로 X토지를 공유하고 있다. 다음 설명 중 틀린 것은? (다툼이 있으면 판례에 따름)

① 甲이 乙과 협의 없이 X토지를 丙에게 임대한 경우, 乙은 丙에게 X토지의 인도를 청구할 수 없다.
② 甲이 乙과 협의 없이 X토지를 丙에게 임대한 경우, 乙은 丙에게 자신의 지분에 상응하는 차임 상당액을 청구할 수 없다.
③ 乙이 甲과 협의 없이 X토지를 丙에게 임대한 경우, 甲은 丙에게 X토지의 인도를 청구할 수 있다.
④ 乙은 甲과의 협의 없이 X토지 면적의 2/5에 해당하는 특정부분을 배타적으로 사용·수익할 수 있다.
⑤ 甲이 X토지 전부를 乙의 동의 없이 매도하여 매수인 명의로 소유권이전등기를 마친 경우, 甲의 지분 범위 내에서 등기는 유효하다.

암기체크 ☐☐☐

해설
① ○ 과반수지분의 공유자로부터 공유물의 사용·수익을 허락받은 점유자에 대하여 소수지분권자는 건물의 철거나 퇴거 등 점유배제를 청구할 수 없다.
② ○ 과반수지분의 공유자로부터 공유물의 특정부분의 사용·수익을 허락받은 점유자에 대하여 소수지분권자는 자신의 지분에 상응하는 부당이득반환을 청구할 수 없다.
③ ○ 소수지분권자는 단독으로 제3자에게 공유물을 임대할 수 없으므로 과반수지분권자는 제3자에게 공유물의 인도를 청구할 수 있다.
④ ✗ 공유자는 공유물 전부를 지분비율로 사용하고 수익할 수 있다. 따라서 乙은 甲과의 협의 없이 X토지 면적의 2/5에 해당하는 특정부분을 배타적으로 사용·수익할 수 없다.
⑤ ○ 공유자가 다른 공유자의 동의 없이 공유물을 처분하더라도 그 공유자의 지분 범위 내에서는 물권적 효력이 인정된다.

정답 ④

셀프 암기노트 ✏

048 지상권의 효력

지상권의 최단존속기간

30년	석조, 석회조, 연와조 또는 이와 유사한 견고한 건물이나 수목의 소유를 목적으로 하는 경우
15년	그 외의 건물의 소유를 목적으로 하는 경우
5년	건물 외의 공작물의 소유를 목적으로 하는 경우

출제예상문제

지상권에 관한 설명 중 옳은 것을 모두 고른 것은?

㉠ 지료의 지급은 지상권의 성립요건이 아니며, 지상권에는 부종성이 없다.
㉡ 기존의 철근콘크리트 건물을 사용하기 위하여 지상권설정계약을 체결하는 경우 그 존속기간은 30년보다 짧게 정할 수 없다.
㉢ 지료체납 중 토지소유권이 양도된 경우, 양도 전후를 통산하여 2년에 이르면 지상권소멸청구를 할 수 있다.
㉣ 지상권설정자에게도 지상물매수청구권이 인정된다.

① ㉠, ㉢   ② ㉠, ㉣
③ ㉡, ㉢   ④ ㉡, ㉣
⑤ ㉢, ㉣

암기체크 □ □ □

> 해설
> ㉠ O 전세권의 경우에는 전세금의 지급이 전세권의 성립요건이나 지상권의 경우에는 지료의 지급이 지상권의 성립요건이 아니다. 또한 지상권에는 부종성이 없다. 따라서 현재 건물 기타 공작물이나 수목이 없더라도 지상권은 성립할 수 있고, 기존의 건물 기타 공작물이나 수목이 멸실하더라도 존속기간이 만료되지 않는 한 지상권은 존속한다.
> ㉡ ✕ 최단존속기간 제한규정은 지상물의 '소유'를 목적으로 지상권을 설정하는 경우에만 적용되므로 <u>기존 건물의 '사용'을 목적으로 지상권을 설정하는 경우에는 적용되지 않는다</u>. 따라서 기존의 철근콘크리트 건물을 사용하기 위하여 지상권설정계약을 체결하는 경우에는 그 존속기간을 <u>30년보다 짧게 정할 수 있다</u>.
> ㉢ ✕ 지상권자의 지료지급 연체가 토지소유권의 양도 전후에 걸쳐 이루어진 경우 토지양수인에 대한 연체기간이 <u>2년분이 되지 않는다면 양수인은 지상권소멸청구를 할 수 없다</u>.
> ㉣ O 지상권이 소멸한 경우에 지상권설정자가 상당한 가액을 제공하여 지상물의 매수를 청구한 때에는 지상권자는 정당한 이유 없이 이를 거절하지 못한다. 따라서 지상권설정자에게도 지상물매수청구권이 인정된다.
>
> 정답 ②

셀프 암기노트 ✎

049 구분지상권

구분지상권의 성립

① 수목을 소유하기 위해서 구분지상권을 설정할 수 없다.
② 구분지상권에는 지상권의 정의규정은 적용되지 않는다.
③ 구분지상권설정등기 시에 반드시 토지의 상하의 범위를 정하여야 한다.

출제예상문제

구분지상권에 관한 설명으로 틀린 것은?

① 구분지상권의 행사를 위하여 토지소유자의 사용권을 제한하는 특약을 구분지상권설정행위에서 할 수 있다.
② 구분지상권자에게도 갱신청구권이 인정된다.
③ 구분지상권은 건물 기타 공작물 및 수목을 소유하기 위해서 설정할 수 있다.
④ 제3자가 토지를 사용·수익할 권리를 가진 경우 그 권리자 및 그 권리를 목적으로 하는 권리를 가진 자 전원의 승낙이 있어야 구분지상권을 설정할 수 있다.
⑤ 1필 토지의 일부의 특정 구분층에 대하여 구분지상권을 설정할 수 있다.

암기체크 □□□

해설
① ◯ 지하 또는 지상의 공간은 상하의 범위를 정하여 건물 기타 공작물을 소유하기 위한 지상권의 목적으로 할 수 있다. 이 경우 설정행위로써 지상권의 행사를 위하여 토지의 사용을 제한할 수 있다.
② ◯ 구분지상권에는 지상권의 정의규정을 제외한 모든 규정이 준용된다. 따라서 구분지상권자에게도 갱신청구권이 인정된다.
③ ✕ 수목을 소유하기 위해서는 <u>구분지상권을 설정할 수 없다</u>.
④ ◯ 구분지상권은 제3자가 토지를 사용·수익할 권리를 가진 때에는 그 권리자 및 그 권리를 목적으로 하는 권리를 가진 자 전원의 승낙이 있으면 이를 설정할 수 있다.
⑤ ◯ 구분지상권은 지하 또는 지상의 공간을 상하의 범위를 정하여 사용하는 권리이므로 1필 토지의 일부의 특정 구분층에 대하여도 구분지상권을 설정할 수 있다.

정답 ③

셀프 암기노트 ✐

핵심이론 050 분묘기지권

분묘기지권의 취득원인

① 토지소유자의 승낙을 얻어 분묘를 설치한 경우
② 자기 소유 토지에 분묘를 설치하고 그 토지를 타인에게 양도한 경우
③ 분묘기지권을 시효취득한 경우

출제예상문제

분묘기지권에 관한 설명으로 옳은 것을 모두 고른 것은? (다툼이 있으면 판례에 따름)

㉠ 분묘기지권은 봉분 등 외부에서 분묘의 존재를 인식할 수 있는 형태를 갖추고 등기하여야 성립한다.
㉡ 토지소유자의 승낙을 얻어 분묘를 설치함으로써 분묘기지권을 취득한 경우, 설치할 당시 토지소유자와의 합의에 의하여 정한 지료지급의무의 존부나 범위의 효력은 그 토지의 승계인에게는 미치지 않는다.
㉢ 자기 소유 토지에 분묘를 설치한 사람이 그 토지를 양도하면서 분묘를 이장하겠다는 특약을 하지 않음으로써 분묘기지권을 취득한 경우, 분묘기지권자는 특별한 사정이 없는 한 분묘기지권이 성립한 때부터 지료를 지급할 의무가 있다.

① ㉠
② ㉢
③ ㉠, ㉡
④ ㉡, ㉢
⑤ ㉠, ㉡, ㉢

암기체크 □□□

해설
㉠ ✗ 분묘기지권을 취득하기 위해서는 등기는 필요 없다.
㉡ ✗ 토지소유자의 승낙을 얻어 분묘를 설치함으로써 분묘기지권을 취득한 경우, 설치할 당시 토지소유자와의 합의에 의하여 정한 지료지급의무의 존부나 범위의 효력은 그 토지의 승계인에게 미친다.
㉢ ○ 자기 소유 토지에 분묘를 설치한 사람이 그 토지를 양도하면서 분묘를 이장하겠다는 특약을 하지 않음으로써 분묘기지권을 취득한 경우, 이른바 양도형의 경우에는 분묘기지권이 성립한 때부터 지료를 지급하여야 한다.

정답 ②

셀프 암기노트 ✐

051 관습법상의 법정지상권

매매 기타 사유

대물변제, 귀속재산의 불하, 공유물분할, 매매, 증여, 통상의 강제집행(강제경매), 「국세징수법」상의 공매

> **심's 암기코드**
> 부모가 대물변제로 받은 귀속재산을 자식에게 주었는데,
> 자식들은 받자마자 분할해서
> 첫째는 매매로 날려먹고
> 둘째는 증여로 날려먹고
> 셋째는 강제경매로 날려먹고
> 넷째는 공매로 날려먹었다.

출제예상문제

甲은 자신의 토지와 그 지상건물 중 건물만을 乙에게 매도하고 건물 철거 등의 약정 없이 건물의 소유권이전등기를 해 주었다. 乙은 이 건물을 다시 丙에게 매도하고 소유권이전등기를 마쳐주었다. 다음 설명 중 <u>틀린</u> 것은? (다툼이 있으면 판례에 따름)

① 乙은 관습법상의 법정지상권을 등기 없이 취득한다.
② 甲은 丙에게 토지의 사용에 대한 부당이득반환청구를 할 수 있다.
③ 甲이 丁에게 토지를 양도한 경우, 乙은 丁에게는 관습법상의 법정지상권을 주장할 수 없다.
④ 甲의 丙에 대한 건물철거 및 토지인도청구는 신의성실의 원칙상 허용될 수 없다.
⑤ 만약 丙이 경매에 의하여 건물의 소유권을 취득한 경우라면, 특별한 사정이 없는 한 丙은 등기 없이도 관습법상의 법정지상권을 취득한다.

암기체크 □□□

> 해설

① ⭕ 乙은 관습법상의 법정지상권을 등기 없이 취득한다.
② ⭕ 丙은 乙을 대위하여 甲에게 관습법상의 법정지상권설정등기 절차의 이행을 청구할 수 있다 하더라도 대지의 점거·사용으로 얻은 실질적 이득을 대지소유자에게 부당이득으로 반환하여야 한다. 따라서 甲은 丙에게 지료 상당의 부당이득반환을 청구할 수 있다.
③ ❌ 丙은 지상권에 관한 등기가 없으므로 乙이 여전히 관습법상의 법정지상권을 가지며, 관습법상의 법정지상권자는 그 대지의 소유자가 변경되었을 때 그 지상권의 등기 없이도 그 대지의 신소유자에게 대하여 지상권을 주장할 수 있다. 따라서 乙은 丁에게는 관습법상의 법정지상권을 주장할 수 있다.
④ ⭕ 법정지상권을 가진 건물소유자로부터 건물을 양수하면서 지상권까지 양도받기로 한 자에 대하여 대지소유자가 건물철거청구를 하는 것은 신의칙에 반하므로 허용되지 않는다. 따라서 甲의 丙에 대한 건물철거 및 토지인도청구는 신의성실의 원칙상 허용될 수 없다.
⑤ ⭕ 만약 丙이 경매에 의하여 건물의 소유권을 취득한 경우라면, 특별한 사정이 없는 한 丙은 등기 없이도 관습법상의 법정지상권을 취득한다.

정답 ③

셀프 암기노트 ✎

핵심이론 052 지역권

1. 지역권의 취득

① 공유자의 1인이 지역권을 취득한 때에는 다른 공유자도 이를 취득한다.
② 점유로 인한 지역권 취득기간의 중단은 지역권을 행사하는 모든 공유자에 대한 사유가 아니면 그 효력이 없다.

> **심's 암기코드**
> 취득은 쉽게
> 소멸은 어렵게

2. 지역권의 소멸

요역지가 수인의 공유인 경우에 그 1인에 의한 지역권 소멸시효의 중단 또는 정지는 다른 공유자를 위하여 효력이 있다.

출제예상문제

지역권에 관한 다음 설명 중 **틀린** 것은?

① 1필 토지의 일부를 위한 지역권은 설정할 수 없다.
② 지역권은 요역지와 분리하여 양도하거나 다른 권리의 목적으로 하지 못한다.
③ 점유로 인한 지역권 취득기간의 중단은 지역권을 행사하는 모든 공유자에 대한 사유가 아니면 그 효력이 없다.
④ 요역지가 수인의 공유인 경우에 그 1인에 의한 지역권 소멸시효의 중단 또는 정지는 다른 공유자를 위하여 효력이 있다.
⑤ 승역지의 점유가 침탈된 경우 지역권자는 승역지의 반환을 청구할 수 있다.

암기체크 □□□

해설
① ○ 요역지는 반드시 1필의 토지이어야 한다. 따라서 1필 토지의 일부를 위한 지역권은 설정할 수 없다.
② ○ 지역권에는 부종성이 있다. 따라서 지역권을 요역지와 분리하여 양도하거나 다른 권리의 목적으로 하지 못한다.
③ ○ 지역권의 취득시효 중단조치는 지역권을 행사하는 모든 공유자에게 하여야 한다.
④ ○ 지역권의 소멸은 어렵게 되어 있으므로 요역지 공유자 1인이 지역권의 소멸시효를 중단 또는 정지시킨 경우 이는 다른 공유자를 위하여 효력이 있다.
⑤ ✕ 지역권자는 승역지를 점유하지 않으므로 승역지의 점유가 침탈된 경우 지역권자는 승역지의 반환을 청구할 수 없다.

정답 ⑤

셀프 암기노트 ✎

핵심이론
053 전세권 일반

전세권의 존속기간

제312조【전세권의 존속기간】① 전세권의 존속기간은 10년을 넘지 못한다. 당사자의 약정기간이 10년을 넘는 때에는 이를 10년으로 단축한다.
② 건물에 대한 전세권의 존속기간을 1년 미만으로 정한 때에는 이를 1년으로 한다.
③ 전세권의 설정은 이를 갱신할 수 있다. 그 기간은 갱신한 날로부터 10년을 넘지 못한다.
④ 건물의 전세권설정자가 전세권의 존속기간 만료 전 6월부터 1월까지 사이에 전세권자에 대하여 갱신거절의 통지 또는 조건을 변경하지 아니하면 갱신하지 아니한다는 뜻의 통지를 하지 아니한 경우에는 그 기간이 만료된 때에 전전세권과 동일한 조건으로 다시 전세권을 설정한 것으로 본다. 이 경우 전세권의 존속기간은 그 정함이 없는 것으로 본다.
제313조【전세권의 소멸통고】전세권의 존속기간을 약정하지 아니한 때에는 각 당사자는 언제든지 상대방에 대하여 전세권의 소멸을 통고할 수 있고 상대방이 이 통고를 받은 날로부터 6월이 경과하면 전세권은 소멸한다.

암기체크 □□□

출제예상문제

전세권에 관한 설명 중 옳은 것을 모두 고른 것은?

> ㉠ 토지에 대한 전세권의 존속기간을 1년 미만으로 정한 때에는 이를 1년으로 한다.
> ㉡ 건물전세권이 법정갱신된 경우 존속기간은 정하지 않은 것으로 본다.
> ㉢ 전세권의 존속기간을 약정하지 않은 경우 각 당사자는 6개월이 경과해야 상대방에게 전세권의 소멸을 통고할 수 있다.
> ㉣ 전세권자는 전세권양도금지특약에도 불구하고 자신의 전세권을 타인에게 양도할 수 있다.

① ㉡
② ㉣
③ ㉠, ㉢
④ ㉠, ㉣
⑤ ㉡, ㉢

해설

㉠ ✗ 건물전세권에만 최단존속기간 제한규정이 있고, 토지전세권에는 최단존속기간 제한규정이 없다.

㉡ ○ 건물전세권이 법정갱신된 경우 다른 조건은 다 동일하나 존속기간은 정하지 않은 것으로 본다.

㉢ ✗ 전세권의 존속기간을 약정하지 않은 경우 각 당사자는 언제든지 소멸통고를 할 수 있고 상대방이 이 통고를 받은 날로부터 6개월이 경과하면 전세권이 소멸한다.

㉣ ✗ 전세권의 처분은 설정행위로써 금지할 수 있다. 따라서 전세권양도금지특약이 있는 경우에는 전세권자는 자신의 전세권을 타인에게 양도할 수 없다.

정답 ①

핵심이론 054 전세권의 효력

전세권자의 비용상환청구권

> 제309조【전세권자의 유지, 수선의무】전세권자는 목적물의 현상을 유지하고 그 통상의 관리에 속한 수선을 하여야 한다.
> 제310조【전세권자의 상환청구권】① 전세권자가 목적물을 개량하기 위하여 지출한 금액 기타 유익비에 관하여는 그 가액의 증가가 현존한 경우에 한하여 소유자의 선택에 좇아 그 지출액이나 증가액의 상환을 청구할 수 있다.
> ② 전항의 경우에 법원은 소유자의 청구에 의하여 상당한 상환기간을 허여할 수 있다.

출제예상문제

전세권에 관한 다음 설명 중 틀린 것은?

① 전세권자가 목적물의 성질에 의하여 정하여진 용법으로 사용·수익하지 않으면 전세권설정자는 전세권의 소멸을 청구할 수 있다.
② 건물의 일부에 대해 전세권이 설정된 경우 전세권설정자가 전세금의 반환을 지체하는 때에는 전세권자는 전세권에 기하여 건물 전부에 대해서 경매청구할 수 있다.
③ 채권담보 목적의 전세권의 경우 채권자와 전세권설정자 및 제3자의 합의가 있으면 제3자 명의로 전세권설정등기를 경료할 수 있다.
④ 타인의 토지에 있는 건물에 전세권을 설정한 때에는 전세권의 효력은 그 건물의 소유를 목적으로 한 지상권 또는 임차권에 미친다.
⑤ 대지와 건물이 동일인의 소유인 경우에 그 건물에 전세권을 설정한 때에는 그 대지소유권의 특별승계인은 전세권설정자에 대하여 지상권을 설정한 것으로 본다.

암기체크 ☐☐☐

> [해설]
> ① ⭕ 전세권자의 의무위반이 있는 경우 전세권설정자는 전세권의 소멸을 청구할 수 있다. 따라서 전세권자가 목적물의 성질에 의하여 정하여진 용법으로 사용·수익하지 않으면 전세권설정자는 전세권의 소멸을 청구할 수 있다.
> ② ❌ 전세권자는 <u>자신이 점유한 부분에 한해서만 경매청구를 할 수 있다</u>. 따라서 건물의 일부에 대해 전세권을 설정받은 경우에는 전세권의 목적물이 아닌 <u>나머지 부분에 대해서는 경매신청권이 없다</u>.
> ③ ⭕ 위 지문과 같이 제3자 합의가 있으면 제3자 명의의 전세권등기도 가능하다.
> ④ ⭕ 건물전세권자는 토지를 사용할 수 있어야 하므로 건물전세권의 효력은 그 건물의 소유를 목적으로 한 지상권 또는 임차권에 미친다.
> ⑤ ⭕ 법정지상권을 취득하는 자는 항상 건물소유자이어야 한다. 따라서 해당 경우에는 전세권자가 아닌 '전세권설정자'에게 지상권을 설정한 것으로 본다.
>
> 정답 ②

셀프 암기노트 ✎

핵심이론 055 유치권 일반

유치권의 성립요건

① **타인**의 물건이나 유가증권일 것
② 목적물에 대한 점유가 **적법**할 것
③ **채권**과 목적물 사이에 견련성이 있을 것
④ 채권의 **변제기**가 도래할 것
⑤ 유치권 **배제**의 특약이 **없을** 것

> 심's 암기코드
> **타인**의 **적법**한 **채권**의 **변제기**를 **배제**하는 일은 **없어야** 한다.

출제예상문제

甲은 시계수리업자 乙에게 자기가 소유하고 있는 시계의 수리를 부탁하고 수리가 끝나는 대로 수리대금조로 5만원을 지급하기로 약속하였다. 그러나 甲은 이를 지급하지 않았으므로 乙은 유치권을 행사하여 시계를 반환하지 않았다. 이에 관한 설명으로 옳은 것은?

① 제3자 丙이 甲으로부터 시계를 양수하고, 乙에 대하여 시계를 인도할 것을 청구한 경우 乙은 丙에 대하여 시계를 인도하여야 한다.
② 甲이 3만원을 지급한 경우 乙은 시계를 반환하여야 한다.
③ 乙은 자기의 물건에 있어서와 같은 주의를 가지고 시계를 점유하여야 한다.
④ 乙이 시계를 유치하고 있는 동안 수리대금채권의 소멸시효는 진행되지 않는다.
⑤ 乙은 甲의 승낙을 얻어 그 시계를 타인에게 임대하고 그로 인하여 얻은 임대료로부터 수리대금채권의 변제에 충당할 수 있다.

암기체크 □□□

해설
① ✘ 乙은 丙에 대하여 유치권을 주장하여 시계의 인도를 거절할 수 있다.
② ✘ 甲이 3만원을 지급하더라도 乙은 나머지 2만원을 받을 때까지 시계에 대해 유치권을 행사할 수 있다.
③ ✘ 유치권자는 선량한 관리자의 주의로 목적물을 점유하여야 한다.
④ ✘ 유치권의 행사는 피담보채권의 시효중단사유가 아니다. 따라서 채권자가 유치권을 행사하더라도 피담보채권의 소멸시효는 그와 관계없이 진행한다.
⑤ ○ 유치권자는 유치물의 과실을 수취하여 다른 채권보다 먼저 자기 채권의 변제에 충당할 수 있다. 이를 과실수취권이라 한다.

정답 ⑤

셀프 암기노트 ✎

핵심이론 056 유치권의 효력

채권과 목적물 사이에 견련성이 인정되지 않는 경우

① **보**증금반환청구권
② **권**리금반환청구권
③ **매**매대금채권
④ **사**람의 배신행위로 인한 손해배상청구권

> 심's 암기코드
> 이걸 안 외워서 시험에 떨어지면
> **보권**(복권)을 **매일 사**야 한다.

출제예상문제

유치권에 관한 다음 설명 중 옳은 것은?

① 채무자를 직접점유자로 하여 채권자가 간접점유하는 경우에도 유치권이 성립할 수 있다.
② 건축자재를 매도한 자는 자신의 매매대금채권을 확보하기 위하여 그 자재로 건축된 건물에 대해 유치권을 행사할 수 없다.
③ 임대인과 임차인 사이에 건물명도 시 권리금을 반환하기로 하는 약정이 있더라도, 임차인은 권리금반환청구권을 담보하기 위하여 건물에 대해 유치권을 행사할 수 있다.
④ 경매개시결정의 등기 후에 유치권이 성립한 경우 경매절차의 매수인에게 유치권을 주장할 수 있다.
⑤ 유치권과 동시이행의 항변권은 서로 병존할 수 없다.

암기체크 □□□

해설
① ✗ 제3자를 직접점유자로 하여 채권자가 간접점유하는 경우에는 유치권이 성립할 수 있지만, 채무자를 직접점유자로 하여 채권자가 간접점유하는 경우에는 유치권이 성립할 수 없다.
② ○ 매매대금채권은 매매계약에서 생긴 채권이므로 채권과 목적물 사이에 견련성이 인정되지 않는다. 따라서 건축자재를 매도한 자는 자신의 매매대금채권을 확보하기 위하여 그 자재로 건축된 건물에 대해 유치권을 행사할 수 없다.
③ ✗ 권리금이란 영업시설·비품, 거래처, 신용, 영업상의 노하우, 상가건물의 위치에 따른 영업상의 이점 등의 재산적 가치의 양도 또는 이용대가이다. 따라서 권리금반환청구권은 채권과 목적물 사이에 견련성이 인정되지 않으므로 임차인은 권리금반환청구권을 담보하기 위하여 건물에 대해 유치권을 행사할 수 없다.
④ ✗ 경매개시결정의 등기(압류의 효력이 발생) 전에 성립한 유치권의 경우에는 경락인에게 유치권을 주장할 수 있다. 그러나 경매개시결정의 등기 후에 성립한 유치권의 경우에는 경락인에게 유치권을 주장할 수 없다.
⑤ ✗ 매매계약이 무효·취소가 된 경우 각 당사자의 부당이득반환의무에 대해서는 유치권과 동시이행의 항변권이 함께 성립할 수 있다.

정답 ②

셀프 암기노트 ✎

핵심이론 057 저당권의 효력범위

목적물의 범위

> 제358조【저당권의 효력의 범위】저당권의 효력은 저당부동산에 부합된 물건과 종물에 미친다. 그러나 법률에 특별한 규정 또는 설정행위에 다른 약정이 있으면 그러하지 아니하다.
>
> 제359조【과실에 대한 효력】저당권의 효력은 저당부동산에 대한 압류가 있은 후에 저당권설정자가 그 부동산으로부터 수취한 과실 또는 수취할 수 있는 과실에 미친다.

출제예상문제

다음 중 건물저당권의 효력이 미치는 것을 모두 고른 것은?

㉠ 임차권
㉡ 저당권설정 전에 건물에 부속된 종물
㉢ 저당권설정 후에 증축되어 독립적 효용이 있는 부분
㉣ 건물에 대한 압류가 있기 전에 저당권설정자가 임차인로부터 받은 차임
㉤ 등기되지 않은 위약금

① ㉠, ㉡
② ㉡, ㉤
③ ㉢, ㉣
④ ㉠, ㉢, ㉤
⑤ ㉡, ㉢, ㉣

암기체크 □□□

해설
㉠ O 건물저당권의 효력은 그 건물의 소유를 목적으로 한 지상권, 전세권 또는 임차권에 미친다.
㉡ O 저당권설정 전에 건물에 부속된 종물에는 저당권의 효력이 미친다.
㉢ X 저당권설정 후에 증축되어 독립적 효용이 있는 부분은 기존 건물과 독립한 별개의 부동산이므로 건물저당권의 효력이 미치지 않는다.
㉣ X 저당권설정자가 임차인로부터 받은 차임은 과실에 해당하는데, 저당부동산에 대한 압류가 있기 전의 과실에는 저당권의 효력이 미치지 않는다.
㉤ X 원본, 이자, 위약금은 등기해야 저당권의 효력이 미친다.

정답 ①

셀프 암기노트 /

핵심이론
058 저당권의 피담보권 범위

피담보채권의 범위

제360조【피담보채권의 범위】 저당권은 원본, 이자, 위약금, 채무불이행으로 인한 손해배상 및 저당권의 실행비용을 담보한다. 그러나 지연배상에 대하여는 원본의 이행기일을 경과한 후의 1년분에 한하여 저당권을 행사할 수 있다.

출제예상문제

저당권에 관한 다음 설명 중 틀린 것은?

① 저당권설정계약상의 채무자가 아닌 제3자를 채무자로 하여 이루어진 저당권설정등기는 무효이다.
② 원본의 반환이 2년간 지체된 경우 채무자는 원본 및 지연배상금 1년분만 변제하고 저당권설정등기의 말소를 청구할 수 있다.
③ 저당권자는 저당권을 실행하지 않고 먼저 채무자의 일반재산에 대해 강제집행을 할 수 있다.
④ 저당권이 설정된 토지가 「공익사업을 위한 토지 등의 취득 및 보상에 관한 법률」에 따라 협의취득된 경우, 저당권자는 그 보상금에 대하여 물상대위를 할 수 없다.
⑤ 건물저당권의 효력은 그 건물의 소유를 목적으로 하는 지상권, 전세권 또는 임차권에도 미친다.

암기체크 □ □ □

해설
① ○ 제3자가 저당권설정자가 되는 것은 가능하나(물상보증인), 저당권설정계약상의 채무자가 아닌 제3자를 채무자로 하는 저당권등기는 허용되지 않는다.
② ✗ 지연배상은 원본의 이행기일을 경과한 후의 1년분에 한하여 저당권을 행사할 수 있다. 그런데 이는 후순위권리자를 보호하기 위한 것이므로 후순위권리자만 지연배상은 1년분에 한한다는 주장을 할 수 있고, 채무자의 경우 지연배상은 1년분에 한한다는 주장을 할 수 없다. 따라서 채무자는 지연이자 2년 치를 다 변제하여야 저당권의 말소청구를 할 수 있다.
③ ○ 저당권자는 저당권자로서의 지위뿐만 아니라 일반채권자로서의 지위도 함께 가지므로 저당권을 실행하지 않고 먼저 채무자의 일반재산에 대해 강제집행을 할 수 있다.
④ ○ 물상대위는 담보목적물이 멸실, 훼손, 공용징수로 소멸하고 가치적 변형물(화재보험금, 수용보상금)이 생긴 경우에 할 수 있고, 매매의 경우에는 저당권자가 추급하여 저당권을 실행할 수 있으므로 매매대금에 대해서는 물상대위를 할 수 없다. 따라서 「공익사업을 위한 토지 등의 취득 및 보상에 관한 법률」에 따른 협의취득은 매매와 같아서 물상대위를 할 수 없다.
⑤ ○ 건물을 경락받은 자는 토지를 사용할 수 있어야 하므로 건물저당권의 효력은 그 건물의 소유를 목적으로 하는 지상권, 전세권 또는 임차권에도 미친다.

정답 ②

셀프 암기노트

핵심이론 059 제366조의 법정지상권

법정지상권의 성립요건

① 저당권설정 당시에 토지 위에 건물이 있을 것
② 저당권설정 당시에 토지와 건물이 동일인의 소유일 것
③ 토지 또는 건물에 저당권이 설정되었을 것
④ 담보권실행경매로 토지소유자와 건물소유자가 달라질 것

출제예상문제

甲은 자신의 토지와 그 지상건물 중 토지를 담보로 乙에게 1천만원을 차용하고 저당권을 설정해 주었으나, 변제기에 이를 변제하지 않아 乙이 저당권을 실행하여 丙이 토지를 경락받았다. 그 후 甲은 건물을 다시 丁에게 매도하고 소유권이전등기를 마쳐주었다. 다음 설명 중 틀린 것은?

① 甲과 丁 사이의 건물소유권이전의 합의에는 법정지상권이전의 합의가 포함된다.
② 丁은 등기하여야 법정지상권을 취득한다.
③ 丁은 甲의 丙에 대한 법정지상권설정등기청구권을 대위행사할 수 있다.
④ 丙은 丁에게 건물의 철거 및 토지의 인도를 청구할 수 없다.
⑤ 丙은 丁에게 토지의 사용에 대한 부당이득반환청구를 할 수 없다.

암기체크 ☐☐☐

> 해설

① ◯ 법정지상권 성립 후 건물이 양도된 경우 건물을 매수한 사람으로 하여금 토지를 이용할 수 있도록 해주어야 한다. 따라서 건물소유권이전의 합의에는 법정지상권이전의 합의가 포함된 것으로 보아야 한다.

② ◯ 丁이 법정지상권을 취득하는 원인은 법률행위이므로 제186조에 따라 등기하여야 법정지상권을 취득한다.

③ ◯ 丁은 甲에 대하여 법정지상권이전등기청구권이 있고, 甲은 丙에게 법정지상권설정등기청구권이 있으므로 丁은 甲의 丙에 대한 법정지상권설정등기청구권을 대위행사할 수 있다.

④ ◯ 토지소유자는 건물소유자에게 법정지상권설정등기를 해 줄 의무가 있고 그 법정지상권은 건물양수인에게 결과적으로 귀속되어야 하므로 토지소유자가 법정지상권부 건물의 양수인을 상대로 건물의 철거 및 토지의 인도를 청구하는 것은 신의칙에 반하므로 허용되지 않는다.

⑤ ✗ 법정지상권부 건물의 양수인이 법정지상권을 취득해 올 수 있는 지위에 있더라도 타인의 <u>토지를 무상으로 사용하는 것은 허용되지 않는다</u>. 따라서 토지소유자는 <u>법정지상권부 건물의 양수인에게 지료 상당의 부당이득반환청구는 할 수 있다</u>.

정답 ⑤

셀프 암기노트 ✐

060 저당권의 효력

공동저당과 법정지상권

공동저당권이 설정이 되었다가 건물이 신축된 경우에는 원칙적으로 법정지상권이 인정되지 않는다.

공신 X

출제예상문제

저당권에 관한 설명 중 옳은 것은?

① 제366조의 법정지상권이 성립하기 위해서는 저당권실행 당시에 토지와 건물이 동일인 소유이어야 한다.
② 제366조의 법정지상권의 취득과 처분 시에는 등기를 요하지 아니한다.
③ 저당권설정 당시에 존재하던 목조건물이 철근 콘크리트건물로 신축된 경우 법정지상권의 최단존속기간은 15년으로 된다.
④ 저당권설정자가 아닌 제3자가 저당토지 위에 건물을 축조한 경우에는 전혀 일괄경매청구권이 인정되지 않는다.
⑤ 저당부동산에 대해 소유권을 취득한 제3자는 저당권자에게 피담보채권 전액을 변제하여야 저당권의 소멸을 청구할 수 있다.

암기체크 □□□

해설
① ✗ '저당권실행 당시'가 아니라 '저당권설정 당시'에 토지와 건물이 동일인 소유이면 된다.
② ✗ 취득 시에는 등기를 요하지 아니하나, 처분 시에는 등기하여야 한다.
③ ○ 저당권설정 당시에 존재하던 건물이 철거된 후 신축된 경우에도 법정지상권이 성립한다. 다만, 법정지상권의 범위, 존속기간 등은 구 건물을 기준으로 결정한다. 따라서 저당권설정 당시에 존재하던 목조건물이 철근 콘크리트건물로 신축된 경우 법정지상권의 최단존속기간은 15년으로 된다.
④ ✗ 저당권설정자가 아닌 제3자가 저당토지 위에 건물을 축조한 경우에는 원칙적으로 일괄경매청구권이 인정되지 않는다. 그러나 저당권설정자로부터 저당토지에 용익권을 설정받은 자가 그 토지에 건물을 축조한 경우라도 그 후 저당권설정자가 그 건물의 소유권을 취득한 경우에는 일괄경매청구권이 인정된다.
⑤ ✗ 저당부동산에 대하여 소유권, 지상권 또는 전세권을 취득한 자를 제3취득자라고 하고, 제3취득자는 저당권자에게 그 부동산으로 담보된 채권을 변제하고 저당권의 소멸을 청구할 수 있다. 이때 변제하여야 할 금액은 피담보채권 전액이 아니라 제360조의 범위 내에서만 변제하면 된다.

정답 ③

셀프 암기노트 ✎

핵심이론 061 공동저당

동시배당과 이시배당

> 제368조【공동저당과 대가의 배당, 차순위자의 대위】① 동일한 채권의 담보로 수개의 부동산에 저당권을 설정한 경우에 그 부동산의 경매대가를 동시에 배당하는 때에는 각 부동산의 경매대가에 비례하여 그 채권의 분담을 정한다.
> ② 전항의 저당부동산 중 일부의 경매대가를 먼저 배당하는 경우에는 그 대가에서 그 채권 전부의 변제를 받을 수 있다. 이 경우에 그 경매한 부동산의 차순위저당권자는 선순위저당권자가 전항의 규정에 의하여 다른 부동산의 경매대가에서 변제를 받을 수 있는 금액의 한도에서 선순위자를 대위하여 저당권을 행사할 수 있다.

출제예상문제

甲에 대하여 1억 5천만원의 채권을 가진 乙은 甲 소유의 X토지와 물상보증인 소유의 Y건물에 대하여 각각 저당권을 설정받았다. X토지와 Y건물이 동시에 경매되어 매각대금이 각각 2억원과 1억원인 경우 乙이 Y건물의 매각대금에서 변제받은 금액은 얼마인가?

① 0원
② 2천5백만원
③ 5천만원
④ 1억원
⑤ 1억 5천만원

암기체크 ☐☐☐

해설
동시배당에 관한 규정은 채무자 소유의 수개의 부동산에 저당권이 설정된 경우에만 적용된다. 따라서 채무자 소유의 부동산과 물상보증인 소유의 부동산의 경매대가를 동시에 배당하는 때에는 공동저당권자는 먼저 채무자 소유의 부동산의 경매대가로부터 채권의 변제를 받아야 하고, 부족분이 생길 때에만 물상보증인 소유의 부동산의 경매대가에서 변제를 받아야 한다. 따라서 乙은 X토지의 경락대금 2억원에서 자신의 채권 1억 5천만원을 모두 변제받을 수 있으므로 Y건물의 경락대금에서 변제받을 수 있는 금액은 0원이다.

정답 ①

셀프 암기노트 ✎

핵심이론
062 근저당

확정된 피담보채권액이 채권최고액을 초과하는 경우 근저당권을 말소시키기 위하여 변제하여야 할 금액의 범위

① 채**무**자 **겸** 근저당권**설**정자: 확정된 피담보채권액 전액을 변제하여야 한다.
② **물**상보증인과 제**3**취득자: 채권최고액까지만 변제하면 된다.

출제예상문제

근저당에 관한 설명으로 틀린 것은?

① 근저당권이 유효하기 위해서는 근저당권설정행위와 별도로 근저당권의 피담보채권을 성립시키는 법률행위가 필요하다.
② 근저당권 실행비용(경매비용)은 채권최고액에 포함되지 않는다.
③ 근저당권자가 피담보채무의 불이행을 이유로 경매신청을 한 경우, 그 근저당권자의 피담보채권액은 경매신청 시에 확정된다.
④ 후순위근저당권자가 경매를 신청한 경우 경매를 신청하지 않은 선순위근저당권자의 피담보채권은 경락인이 경락대금을 완납한 때에 확정된다.
⑤ 확정된 피담보채권액이 채권최고액을 초과하는 경우 물상보증인은 확정된 피담보채권액 전액을 변제하여야 근저당권설정등기의 말소를 청구할 수 있다.

암기체크 □□□

> 해설

① ○ 근저당이란 '계속적 거래관계(기본계약)'로부터 발생하는 장래의 불특정채권을 채권최고액까지 담보하는 저당권이다. 그리고 근저당권의 피담보채권을 성립시키는 법률행위를 기본계약이라 한다. 따라서 근저당권이 성립하기 위해서는 반드시 근저당권의 피담보채권을 성립시키는 법률행위가 있어야 한다.
② ○ 원본, 이자, 위약금 모두 채권최고액에 포함되며, 지연배상도 1년분에 한하지 않는다. 따라서 근저당권실행비용은 채권최고액에 포함되지 않는다.
③ ○ 근저당권자가 피담보채무의 불이행을 이유로 경매신청을 한 경우에는 경매신청 시에 피담보채권이 확정된다.
④ ○ 후순위근저당권자가 경매를 신청한 경우 후순위근저당권자의 피담보채권은 경매신청 시에 확정되고, 경매를 신청하지 않은 선순위근저당권자의 피담보채권은 경락인이 경락대금을 완납한 때에 확정된다.
⑤ ✗ 확정된 피담보채권액이 채권최고액을 초과하는 경우 물상보증인은 채권최고액까지만 변제하면 근저당권설정등기의 말소를 청구할 수 있다.

정답 ⑤

셀프 암기노트 ✎

에듀윌이
너를
지지할게

ENERGY

하고 싶은 일에는
방법이 보이고
하기 싫은 일에는
핑계가 보인다.

– 필리핀 격언

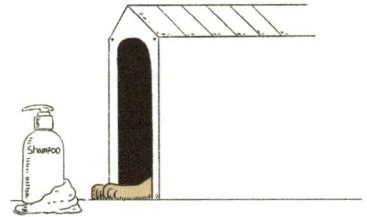

PART 3

계약법

063 계약의 종류
064 계약의 성립
065 계약성립시기
066 계약체결상의 과실책임
067 동시이행의 항변권 1
068 동시이행의 항변권 2
069 위험부담
070 대상청구권과 이익상환의무
071 제3자를 위한 계약
072 제3자를 위한 계약의 법률관계
073 계약의 해제와 해지
074 해제권의 발생원인
075 해제권의 행사와 효과
076 계약해제의 소급효로부터
    보호되는 제3자

077 합의해제
078 해약금에 의한 계약해제
079 매매 일반
080 매도인의 담보책임
081 수량부족과 담보책임
082 하자담보책임
083 환매
084 교환
085 임대차 일반
086 임대차의 효력 1
087 임대차의 효력 2
088 토지임차인의 갱신청구권과
    지상물매수청구권
089 임차권의 양도와 전대
090 무단전대의 법률관계

핵심이론 063 계약의 종류

요식행위

① 혼인·이혼·인지·입양
② 법인설립행위
③ 어음·수표행위
④ 유언
⑤ 등기신청

> **심's 암기코드**
> 요식아 니가 혼인만 하면
> 법인도 설립해 주고
> 어음·수표도 주겠다는 게
> 나의 유언이다.
> 알겠냐 등신아?

출제예상문제

계약의 종류에 관한 설명으로 **틀린** 것을 모두 고른 것은?

㉠ 중개계약은 전형계약이며, 증여와 사용대차는 무상계약이다.
㉡ 무상계약은 모두 편무계약이며, 유상계약은 모두 쌍무계약이다.
㉢ 현상광고와 계약금계약은 요물계약에 해당한다.
㉣ 매매와 교환은 일시적 계약에 해당하며, 임대차는 계속적 계약에 해당한다.

① ㉠, ㉡
② ㉢, ㉣
③ ㉠, ㉡, ㉢
④ ㉡, ㉢, ㉣
⑤ ㉠, ㉡, ㉢, ㉣

암기체크 □□□

> [해설]
> ㉠ ✗ 중개계약은 전형계약이 아니다. 전형계약은 증여, 매매, 교환, 소비대차, 사용대차, 임대차, 고용, 도급, 여행, 현상광고, 위임, 임치, 조합, 종신정기금, 화해 이렇게 15가지이다.
> ㉡ ✗ 유상계약에는 쌍무계약도 있고(매매, 교환, 임대차 등) 편무계약도 있다(현상광고). 한편 쌍무계약은 모두 유상계약에 해당한다.
> ㉢ O 현상광고, 대물변제, 계약금계약, 보증금계약은 요물계약에 해당한다.
> ㉣ O 매매와 교환은 한번 급부하면 계약이 종료하므로 일시적 계약에 해당하고, 임대차는 급부가 일정 기간 동안 계속되어야 하므로 계속적 계약에 해당한다.

정답 ①

[더 알아보기] **전형계약의 종류**

증여	무상계약	위임	유상계약 + 무상계약
매매	유상계약	임치	
교환		조합	유상계약
소비대차	유상계약 + 무상계약	종신정기금	유상계약 + 무상계약
사용대차	무상계약	화해	유상계약
임대차	유상계약		
고용			
도급			
여행			
현상광고			

핵심이론 064 계약의 성립

계약성립의 모습

> 제531조【격지자(隔地者) 간의 계약성립시기】 격지자 간의 계약은 승낙의 통지를 발송한 때에 성립한다.
>
> 제532조【의사실현에 의한 계약성립】 청약자의 의사표시나 관습에 의하여 승낙의 통지가 필요하지 아니한 경우에는 계약은 승낙의 의사표시로 인정되는 사실이 있는 때에 성립한다.
>
> 제533조【교차청약】 당사자 간에 동일한 내용의 청약이 상호교차된 경우에는 양 청약이 상대방에게 도달한 때에 계약이 성립한다.

출제예상문제

계약의 성립에 관한 다음 설명 중 옳은 것을 모두 고른 것은?

㉠ 청약은 특정인에 의하여 행해져야 한다.
㉡ 불특정다수인에 대한 청약은 효력이 없다.
㉢ 불특정다수인에 대한 승낙도 효력이 있다.
㉣ 격지자 간의 청약은 도달주의에 의한다.
㉤ 격지자 간의 계약은 승낙의 통지가 상대방에게 도달한 때에 성립한다.

① ㉠, ㉢
② ㉠, ㉣
③ ㉡, ㉢
④ ㉢, ㉤
⑤ ㉠, ㉣, ㉤

|해설|
- ㉠ O 청약의 주체는 특정인이다. 따라서 청약은 특정인에 의하여 행해져야 한다.
- ㉡ X 청약의 상대방은 특정인뿐만 아니라 불특정인도 된다. 따라서 <u>불특정다수인에 대한 청약도 효력이 있다</u>(자판기설치 등).
- ㉢ X 승낙은 특정의 청약자에 대해서 하여야 한다. 따라서 <u>불특정다수인에 대한 승낙은 효력이 없다</u>.
- ㉣ O 청약은 상대방 있는 의사표시이므로 대화자 간이든 격지자 간이든 항상 상대방에게 도달한 때에 청약의 효력이 생긴다.
- ㉤ X '승낙의 통지가 상대방에게 도달한 때'가 아니라 '<u>승낙의 통지를 발송한 때</u>'에 성립한다.

정답 ②

셀프 암기노트 ✎

핵심이론 065 계약성립시기

계약성립시기

① 제때 보내서 제때 도달한 경우: 계약이 성립한다.
② 늦게 보내서 늦게 도달한 경우: 계약이 성립하지 않는다. 다만, 연착된 승낙은 청약자가 이를 새 청약으로 볼 수 있다.
③ 제때 보내서 늦게 도달한 경우: 나누어 봐야 한다. 청약자가 연착의 통지를 하면 계약이 성립하지 않고, 연착의 통지를 하지 않으면 계약이 성립한다.

출제예상문제

서울에 사는 甲은 부산에 사는 乙에게 자신의 동양화 1점을 1천만원에 팔겠다는 내용의 편지를 2025년 1월 1일에 발신하면서 2025년 1월 20일까지 승낙하여 줄 것을 요구하였다. 이 편지는 乙에게 2025년 1월 3일에 도달되었다. 乙은 이 제의를 받아들이겠다는 편지를 2025년 1월 10일에 제대로 발신하였으나 甲에게 2025년 1월 22일에 도달되고 말았다. 다음 설명 중 틀린 것을 모두 고른 것은?

㉠ 甲이 乙에게 연착의 통지를 한 경우에는 계약이 성립하지 않는다.
㉡ 甲이 연착의 통지를 하지 않은 경우 乙은 이를 소로써 강제이행할 수 있다.
㉢ 甲이 1월 21일에 지연의 통지를 발송한 경우에는 별도로 연착의 통지를 할 필요가 없다.
㉣ 甲이 연착의 통지를 하지 않은 경우 계약은 1월 25일에 성립하게 된다.

① ㉠, ㉡
② ㉠, ㉢
③ ㉡, ㉢
④ ㉡, ㉣
⑤ ㉢, ㉣

암기체크 □□□

해설
㉠ O 승낙을 제때 보냈는데 연착이 된 경우에는 청약자는 지체 없이 연착의 통지를 하여야 한다. 청약자가 연착의 통지를 한 경우에는 계약이 성립하지 않는다.
㉡ X 청약자의 연착통지의무는 책무(간접의무)에 해당한다. 책무는 법이 정한 불이익을 입을 뿐 소로써 강제로 이행하게끔 할 수 없다.
㉢ O 승낙을 제때 보냈는데 연착이 된 경우에는 청약자는 지체 없이 연착의 통지를 하여야 한다. 그런데 미리 지연의 통지를 발송한 경우에는 따로 연착의 통지를 할 필요가 없다.
㉣ X 청약자가 연착의 통지를 하지 않으면 승낙은 연착되지 아니한 것으로 보므로 계약은 성립한다. 또한 격지자 간의 계약은 승낙의 통지를 발송한 때에 성립하므로 계약은 1월 10일에 성립한다.

정답 ④

셀프 암기노트 ✎

핵심이론 066 계약체결상의 과실책임

계약체결상의 과실

> 제535조【계약체결상의 과실】① 목적이 불능한 계약을 체결할 때에 그 불능을 알았거나 알 수 있었을 자는 상대방이 그 계약의 유효를 믿었음으로 인하여 받은 손해를 배상하여야 한다. 그러나 그 배상액은 계약이 유효함으로 인하여 생길 이익액을 넘지 못한다.
> ② 전항의 규정은 상대방이 그 불능을 알았거나 알 수 있었을 경우에는 적용하지 아니한다.

출제예상문제

계약체결상의 과실책임에 관한 설명으로 틀린 것은?

① 체결된 계약 내용이 원시적 불능으로 계약이 무효이어야 한다.
② 손해배상의 범위는 계약이 유효함으로 인하여 생길 이익액을 넘지 못한다.
③ 불능을 알았거나 알 수 있었을 자는 상대방이 그 계약의 유효를 믿었음으로 인하여 받은 손해를 배상하여야 한다.
④ 상대방은 불능사실에 대해 선의·무과실이어야 한다.
⑤ 계약교섭의 부당한 중도파기의 경우에도 계약체결상의 과실책임을 물을 수 있다.

암기체크 □□□

해설
① ○ 계약체결상의 과실책임은 오직 원시적 불능의 경우에만 문제된다.
② ○ 계약체결상의 과실책임은 신뢰이익의 손해를 배상하는 것이다. 그런데 신뢰이익의 손해가 이행이익의 손해보다 큰 경우에는 이행이익의 손해(계약이 유효함으로 인하여 생길 이익액)까지만 배상하면 된다.
③, ④ ○ 계약체결상의 과실책임이 성립하기 위해서는 배상의무자는 불능을 알았거나 알 수 있어야 하고, 상대방은 불능사실에 대해 선의·무과실이어야 한다.
⑤ ✕ 계약교섭의 부당한 중도파기의 경우는 원시적 불능이 아니므로 계약체결상의 과실책임이 적용되지 않고 불법행위책임이 적용된다.

정답 ⑤

셀프 암기노트 ✎

핵심이론 067 동시이행의 항변권 1

동일성이 유지되는 경우

채권양도, 채무인수, 상속, 전부(轉付)명령, 이행불능의 경우에는 당사자나 채무가 변경이 되어도 동일성이 유지되므로 동시이행의 항변권이 인정된다.

 심's 암기코드

채양이와 채인이가 상속을 받아서 전부 똑같은 이불을 샀다.

출제예상문제

동시이행의 항변권에 관한 설명으로 옳은 것을 모두 고른 것은?

㉠ 동시이행의 항변권은 상대방의 청구권의 존재를 부인하기 위한 권리이다.
㉡ 동시이행의 항변권은 쌍무계약을 체결한 당사자 사이에서만 인정된다.
㉢ 선이행의무자는 상대방에게 이행하기 어려운 현저한 사유가 있더라도 자기채무의 이행을 거절할 수 없다.
㉣ 채무자가 자기채무의 이행을 거절하기 위해서는 반드시 동시이행의 항변권을 행사하여야 한다.

① ㉣
② ㉠, ㉡
③ ㉡, ㉢
④ ㉢, ㉣
⑤ ㉠, ㉡, ㉢

암기체크 □□□

해설
㉠ ✗ 청구권의 존재를 부인하기 위한 권리가 아니고 청구권의 존재는 인정하되 그 행사를 저지시키기 위한 권리이다.
㉡ ✗ 동시이행의 항변권은 쌍무계약을 체결한 당사자 사이에서만 인정되는 것이 아니다. 채권양도·채무인수·상속·전부(轉付)명령처럼 당사자가 변경되어도 채권·채무의 동일성이 유지되므로 동시이행의 항변권이 인정된다.
㉢ ✗ 선이행의무자는 상대방에게 이행하기 어려운 현저한 사유가 있는 경우에는 자기채무의 이행을 거절할 수 있다. 이를 불안의 항변권이라 한다.
㉣ ○ 채무자가 자기채무의 이행을 거절하기 위해서는 반드시 동시이행의 항변권을 행사하여야 한다. 그러나 쌍무계약의 양 채무가 모두 이행기를 도과하였을 경우 채무자가 자기 채무에 대해 이행지체책임을 면하기 위해서는 동시이행의 항변권을 행사할 필요가 없다.

정답 ①

셀프 암기노트 ✎

핵심이론 068 동시이행의 항변권 2

중도금판례

매수인이 선이행하여야 할 중도금지급을 하지 아니한 채 잔금지급기일을 경과한 경우에는 매수인의 중도금 및 이에 대한 지급일 다음 날부터 잔금지급일까지의 지연손해금과 잔금지급채무는 매도인의 등기서류교부와 동시이행관계가 된다.

출제예상문제

동시이행의 항변권에 관한 설명으로 틀린 것은?

① 계약해제로 인한 당사자 상호 간의 원상회복의무는 동시이행관계에 있다.
② 동시이행관계에 있는 어느 일방의 채권이 양도되더라도 동시이행관계는 존속한다.
③ 임차권등기명령에 의해 등기된 임차권등기말소의무와 보증금반환의무는 동시이행관계가 아니다.
④ 저당권실행을 위한 경매가 무효인 경우, 낙찰자의 채무자에 대한 소유권이전등기말소의무와 저당권자의 낙찰자에 대한 배당금반환의무는 동시이행관계에 있다.
⑤ 채권자의 이행청구소송에 대해 채무자가 동시이행의 항변권을 원용한 경우 법원은 상환이행판결을 한다.

암기체크 ☐☐☐

> 해설
① ○ 계약이 해제된 경우 각 당사자에게는 원상회복의무가 생기고, 각 당사자의 원상회복의무는 동시이행관계이다.
② ○ 채권양도의 경우에는 동일성이 유지되므로 동시이행관계는 그대로 존속한다.
③ ○ 이 경우는 보증금반환의무가 선이행의무이다.
④ ✘ 이 경우에는 낙찰자의 채무자에 대한 소유권이전등기말소의무와 저당권자의 낙찰자에 대한 배당금반환의무가 <u>각각 상대방을 달리하여 부담하는 의무이므로 양 채무는 동시이행관계가 될 수 없다.</u>
⑤ ○ 원고(채권자)의 이행청구소송에 대해 피고(채무자)가 동시이행의 항변권을 원용한 경우 법원은 상환이행판결(상환급부판결, 원고일부승소판결, 원고일부승소·일부패소판결)을 한다.

정답 ④

셀프 암기노트 ✎

핵심이론 069 위험부담

1. 위험부담의 전제조건

① 쌍무계약에 있어서
② 채무자의 책임 없는 사유로
③ 후발적 불능이 되었을 때 생기는 문제

2. 위험의 이전시기

① 동산의 경우에는 인도 시에 위험이 채권자에게 이전한다.
② 부동산의 경우에는 등기 또는 인도 시에 위험이 채권자에게 이전한다.

출제예상문제

위험부담에 관한 설명으로 틀린 것은?

① 편무계약의 경우 원칙적으로 위험부담의 법리가 적용되지 않는다.
② 우리 민법은 채무자위험부담주의를 원칙으로 한다.
③ 당사자 쌍방의 귀책사유 없는 이행불능으로 매매계약이 종료된 경우, 매도인은 이미 지급받은 계약금을 반환하지 않아도 된다.
④ 채권자의 수령지체 중에 당사자 쌍방의 책임 없는 사유로 이행할 수 없게 된 때에는 채무자는 상대방의 이행을 청구할 수 있다.
⑤ 위험부담에 관한 규정은 임의규정이므로 불가항력으로 인한 손해를 어느 일방만 부담하도록 하는 특약은 유효하다.

암기체크 ☐☐☐

해설
① ○ 위험부담은 쌍무계약에서 문제되는 제도이므로 편무계약의 경우 원칙적으로 위험부담의 문제가 생기지 않는다.
② ○ 쌍무계약의 당사자 일방의 채무가 그의 책임 없는 사유로 소멸한 경우 상대방의 채무도 같이 소멸하므로 위험은 채무자가 부담하는 것이 원칙이다.
③ ✕ 채무자가 위험을 부담하는 경우 채무자는 <u>이미 반대급부를 이행받았다면 이를 부당이득으로 채권자에게 반환하여야 한다</u>. 따라서 <u>매도인은 계약금을 매수인에게 반환하여야 한다</u>.
④ ○ 채권자의 수령지체 중에 당사자 쌍방의 책임 없는 사유로 이행할 수 없게 된 경우에는 채권자가 위험을 부담하므로 채무자는 상대방의 이행을 청구할 수 있다.
⑤ ○ 위험부담에 관한 규정은 임의규정이다. 따라서 불가항력으로 인한 손해를 어느 일방만 부담하도록 하는 특약을 맺더라도 이는 유효하다.

정답 ③

셀프 암기노트 ✏

핵심이론 070 대상청구권과 이익상환의무

위험부담에 관한 민법규정

제537조【채무자위험부담주의】쌍무계약의 당사자 일방의 채무가 당사자 쌍방의 책임 없는 사유로 이행할 수 없게 된 때에는 채무자는 상대방의 이행을 청구하지 못한다.

제538조【채권자 귀책사유로 인한 이행불능】① 쌍무계약의 당사자 일방의 채무가 채권자의 책임 있는 사유로 이행할 수 없게 된 때에는 채무자는 상대방의 이행을 청구할 수 있다. 채권자의 수령지체 중에 당사자 쌍방의 책임 없는 사유로 이행할 수 없게 된 때에도 같다.

② 전항의 경우에 채무자는 자기의 채무를 면함으로써 이익을 얻은 때에는 이를 채권자에게 상환하여야 한다.

출제예상문제

甲은 자기 소유의 주택을 乙에게 매도하는 계약을 체결하였는데, 그 주택의 점유와 등기가 乙에게 이전되기 전에 주택이 전부 멸실되었다. 다음 설명 중 틀린 것은? (다툼이 있으면 판례에 따름)

① 주택이 태풍으로 멸실된 경우, 甲은 乙에게 대금지급을 청구할 수 없다.
② 주택이 태풍으로 멸실된 경우, 甲은 이미 받은 계약금을 乙에게 반환하여야 한다.
③ 화재보험에 가입된 甲의 주택이 원인을 알 수 없는 화재로 소실되었다면, 乙은 매매대금을 지급하고 甲에게 화재보험금청구권의 양도를 청구할 수 있다.
④ 乙의 과실로 주택이 전소된 경우, 甲은 乙에게 대금지급을 청구할 수 있다.
⑤ 甲이 이행기에 이전등기에 필요한 서류를 제공하면서 주택의 인수를 최고하였으나 乙이 이를 거절하던 중 태풍으로 멸실된 경우, 甲은 乙에게 대금지급을 청구할 수 없다.

암기체크 ☐☐☐

해설
① ◯ 쌍무계약의 당사자 일방의 채무가 당사자 쌍방의 책임 없는 사유로 이행할 수 없게 된 때에는 채무자는 상대방의 이행을 청구하지 못한다. 따라서 甲은 乙에게 대금지급을 청구할 수 없다.
② ◯ 채무자가 위험을 부담하는 경우 채무자가 이미 반대급부를 이행받았다면 이를 부당이득으로 반환하여야 한다. 따라서 甲은 계약금을 乙에게 반환하여야 한다.
③ ◯ 채무자의 책임 없는 사유로 이행불능이 된 경우, 채무자가 그 이행불능으로 인하여 목적물에 갈음하는 물건이나 손해배상청구권을 취득한 때에는 채권자는 계약의 존속을 주장하여 자신의 반대급부를 이행하고 그 물건이나 손해배상청구권의 양도를 청구할 수 있다(이를 '대상청구권'이라 함).
④ ◯ 쌍무계약의 당사자 일방의 채무가 채권자의 책임 있는 사유로 이행할 수 없게 된 때에는 채무자는 상대방의 이행을 청구할 수 있다. 따라서 甲은 乙에게 대금지급을 청구할 수 있다.
⑤ ✗ 쌍무계약의 당사자 일방의 채무가 <u>채권자의 수령지체 중에 당사자 쌍방의 책임 없는 사유로 이행할 수 없게 된 때에는 채무자는 상대방의 이행을 청구할 수 있다</u>. 따라서 甲은 乙에게 대금지급을 청구할 수 있다.

정답 ⑤

셀프 암기노트 ✏

핵심이론 071 제3자를 위한 계약

제3자를 위한 계약에 해당되는지가 문제되는 경우

해당 O	① 타인을 위한 보험계약 ② 변제를 위한 공탁 ③ 병존적(중첩적) 채무인수
해당 X	① 대리 ② 면책적 채무인수 ③ 이행인수

출제예상문제

제3자를 위한 계약에 관한 설명으로 틀린 것은?

① 제3자의 권리는 그 제3자가 낙약자에 대해 수익의 의사표시를 하면 계약성립 시에 소급하여 발생한다.
② 제3자는 낙약자의 채무불이행을 이유로 그 계약을 해제할 수 없다.
③ 낙약자는 상당한 기간을 정하여 계약이익의 향수 여부의 확답을 제3자에게 최고할 수 있다.
④ 위 ③의 경우 낙약자가 그 기간 내에 확답을 받지 못한 때에는 제3자가 계약의 이익을 받을 것을 거절한 것으로 본다.
⑤ 수익의 의사표시를 하여 제3자의 권리가 생긴 후에는 당사자는 이를 변경 또는 소멸시키지 못한다.

암기체크 □□□

해설
① ✗ 제3자의 권리는 그 제3자가 낙약자에 대해 수익의 의사표시를 한 때로부터 발생한다.
② ○ 제3자는 낙약자의 채무불이행을 이유로 그 계약을 해제할 수 없다.
③ ○ 낙약자는 상당한 기간을 정하여 계약이익의 향수 여부의 확답을 제3자에게 최고할 수 있다.
④ ○ 위 ③의 경우 낙약자가 그 기간 내에 확답을 받지 못한 때에는 제3자가 계약의 이익을 받을 것을 거절한 것으로 본다.
⑤ ○ 수익의 의사표시를 하여 제3자의 권리가 생긴 후에는 당사자는 이를 변경 또는 소멸시키지 못한다.

정답 ①

셀프 암기노트 ✏

072 제3자를 위한 계약의 법률관계

각 당사자들의 권리

① 제3자가 낙약자에 대하여 수익의 의사표시를 하여 제3자의 권리가 생긴 후에는 당사자는 이를 변경 또는 소멸시키지 못한다.
② 제3자가 수익의 의사표시를 한 후에는 당사자는 계약을 합의해제할 수 없다.
③ 제3자가 수익의 의사표시를 하였더라도 당사자는 계약을 해제하거나 취소할 수 있다.
④ 제3자를 위한 계약의 제3자는 의사표시규정에서 말하는 제3자에 해당하지 않는다.
⑤ 요약자가 낙약자에게 사기·강박을 한 경우 낙약자는 취소로써 선의의 제3자(수익자)에게 대항할 수 있다.

출제예상문제

채무자 甲(낙약자)과 채권자 乙(요약자)은 丙을 수익자로 한 제3자를 위한 계약을 체결하였고, 丙은 수익의 의사표시를 하였다. 다음 설명 중 옳은 것은?

① 甲은 乙과 丙 사이의 법률관계에 기한 항변으로 丙에게 대항할 수 있다.
② 乙이 甲의 채무불이행을 이유로 계약을 해제하기 위해서는 丙의 동의를 얻어야 한다.
③ 乙이 甲의 채무불이행을 이유로 계약을 해제한 경우 丙은 甲에게 원상회복을 청구할 수 있다.
④ 위 ③의 경우 丙은 甲에 대하여 손해배상을 청구할 수 없다.
⑤ 乙의 채무불이행을 이유로 계약을 해제한 甲은 이미 丙에게 지급한 대금의 반환을 丙에게 청구할 수 없다.

암기체크 ☐☐☐

해설
① ✗ 낙약자는 요약자와의 계약에 기한 항변(보상관계에 기한 항변, 기본관계에 기한 항변)으로 제3자에게 대항할 수 있다. 따라서 甲은 乙과 丙 사이의 법률관계에 기한 항변(대가관계에 기한 항변)으로는 丙에게 대항할 수 없다.
② ✗ 제3자가 수익의 의사표시를 한 후에도 요약자는 계약을 해제할 때에 제3자의 동의를 얻을 필요는 없다.
③ ✗ 제3자는 당사자가 아니므로 해제권과 이를 전제로 한 원상회복청구권을 행사할 수 없다.
④ ✗ 낙약자의 채무불이행을 이유로 요약자가 계약을 해제한 경우 제3자는 낙약자에게 손해배상은 청구할 수 있다.
⑤ ○ 보상관계를 이루는 계약이 해제된 경우 낙약자는 이미 제3자에게 급부한 것에 대해 제3자를 상대로 반환을 청구할 수 없고 요약자에게 원상회복청구를 하여야 한다.

정답 ⑤

셀프 암기노트 ✎

핵심이론 073 계약의 해제와 해지

해제와 해지의 비교

구분	해제	해지
적용범위	일시적 계약에서 인정	계속적 계약에서 인정
효력	계약이 소급적으로 소멸	계약은 장래에 대하여 소멸
의무	원상회복의무를 부담	청산의무를 부담
공통점	① 형성권 ② 손해배상청구 가능	

출제예상문제

계약의 해제와 해지에 관한 설명으로 옳은 것은?

① 계약의 해제와 해지 모두 소급효가 있다.
② 계약의 해제와 해지는 손해배상청구에 영향을 미친다.
③ 정기행위에 있어서 당사자 일방이 그 시기에 이행하지 아니한 때에도 계약이 자동적으로 해제되는 것은 아니다.
④ 계약의 해제로 반환할 금전에는 그 받은 날의 다음 날부터 이자를 가하여야 한다.
⑤ 계약이 해제되기 전에 그 계약을 기초로 새로운 이해관계를 맺은 제3자는 선의인 경우에 한하여 보호된다.

암기체크 ☐☐☐

해설
① ✘ 해제는 소급효이고 해지는 장래효이다.
② ✘ 계약의 해제와 해지는 모두 손해배상청구에 영향을 미치지 아니한다.
③ ○ 정기행위의 이행지체의 경우에도 최고만 필요 없지 계약이 자동적으로 해제되는 것은 아니고 해제의 의사표시를 해야 그때 비로소 계약의 효력이 상실된다.
④ ✘ 계약의 해제로 인한 원상회복의 경우에는 금전을 받은 날부터 이자를 가산하여야 한다.
⑤ ✘ 해제 전이면 제3자는 선의, 악의를 불문하고 보호된다. 따라서 계약이 해제되기 전에 그 계약을 기초로 새로운 이해관계를 맺은 제3자는 선의, 악의를 불문하고 보호된다.

정답 ③

셀프 암기노트 ✏

핵심이론 074 해제권의 발생원인

최고 없이 해제할 수 있는 경우

① 정기행위의 이행지체
② 이행불능(履行不能)과 추완이 불가능(不可能)한 불완전이행
③ 채무자가 미리 이행하지 아니할 의사를 표시한 경우
④ 최고배제의 특약이 있는 경우

> **심's 암기코드**
> 최고가 필요한지 알아보려면 쌀집에 전화해서 "정부미 특으로 보내주세요."라고 하면 된다.

출제예상문제

해제권의 발생원인에 관한 설명으로 틀린 것을 모두 고른 것은?

㉠ 약정해제권을 행사한 경우에는 각 담당자에게 원상회복의무가 없다.
㉡ 이행불능의 경우 채권자는 최고 없이 곧바로 자기 채무를 이행하지 않고 계약을 해제할 수 있다.
㉢ 이행지체의 경우 채무자가 미리 이행하지 아니할 의사를 표시한 경우에도 채권자는 채무자에게 최고를 한 후 계약을 해제하여야 한다.
㉣ 부수적 의무 위반을 이유로 계약을 해제할 수 있으며, 별도로 손해배상을 청구할 수 있다.

① ㉠, ㉢
② ㉠, ㉣
③ ㉡, ㉢
④ ㉢, ㉣
⑤ ㉠, ㉢, ㉣

암기체크 □ □ □

해설
㉠ ✗ 약정해제의 경우에도, 각 담당자는 원상회복의무를 부담한다.
㉡ ○ 이행불능의 경우에는 최고를 필요로 하지 않으며, 본래의 이행기까지 기다릴 필요 없이 계약을 해제할 수 있다. 또한 계약을 해제할 때 채무자가 자기 채무를 이행할 필요도 없다.
㉢ ✗ 채무자가 미리 이행하지 아니할 의사를 표시한 경우에는 계약을 해제할 때 최고가 필요 없다.
㉣ ✗ 부수적 의무 위반을 이유로는 원칙적으로 계약을 해제할 수 없고 손해배상만 청구할 수 있다.

정답 ⑤

셀프 암기노트 ✏

075 해제권의 행사와 효과

해제의 불가분성과 원상회복의무

제547조【해지, 해제권의 불가분성】① 당사자의 일방 또는 쌍방이 수인인 경우에는 계약의 해지나 해제는 그 전원으로부터 또는 전원에 대하여 하여야 한다.
② 전항의 경우에 해지나 해제의 권리가 당사자 1인에 대하여 소멸한 때에는 다른 당사자에 대하여도 소멸한다.
제548조【해제의 효과, 원상회복의무】① 당사자 일방이 계약을 해제한 때에는 각 당사자는 그 상대방에 대하여 원상회복의 의무가 있다. 그러나 제3자의 권리를 해하지 못한다.
② 전항의 경우에 반환할 금전에는 그 받은 날로부터 이자를 가하여야 한다.
제549조【원상회복의무와 동시이행】제536조의 규정은 전조의 경우에 준용한다.
제551조【해지, 해제와 손해배상】계약의 해지 또는 해제는 손해배상의 청구에 영향을 미치지 아니한다.

암기체크 ☐☐☐

> 출제예상문제

해제권의 행사와 효과에 관한 설명으로 틀린 것을 모두 고른 것은?

> ㉠ 당사자의 일방 또는 쌍방이 수인인 경우 해제권의 행사는 그 전원으로부터 또는 전원에 대하여 하여야 한다.
> ㉡ 해제권자가 수인인 경우 1인의 해제권이 소멸하더라도 다른 자의 해제권은 그대로 존속한다.
> ㉢ 계약상의 채권을 양수한 자는 계약해제의 소급효로부터 보호되는 제3자에 해당하지 않는다.
> ㉣ 해제와 아울러 손해배상을 청구할 수 있는 경우는 법정해제에 한한다.

① ㉡
② ㉢
③ ㉠, ㉢
④ ㉡, ㉣
⑤ ㉠, ㉢, ㉣

> 해설

㉠ ◯ 당사자의 일방 또는 쌍방이 수인인 경우 해제권의 행사는 그 전원으로부터 또는 전원에 대하여 하여야 한다. 이를 행사상의 불가분성이라 한다.
㉡ ✕ 해제권자가 수인인 경우 1인의 해제권이 소멸한 경우 <u>다른 자의 해제권도 같이 소멸한다</u>. 이를 소멸상의 불가분성이라 한다.
㉢ ◯ 계약해제의 소급효로부터 보호되는 제3자는 물권자에 한한다. 따라서 계약상의 채권을 양수한 자는 제3자에 해당하지 않는다.
㉣ ◯ 법정해제의 경우에만 별도로 손해배상을 청구할 수 있고, 약정해제·합의해제·해약금에 의한 계약해제의 경우에는 손해배상을 청구할 수 없다.

정답 ①

핵심이론 076 계약해제의 소급효로부터 보호되는 제3자

1. 계약해제의 소급효로부터 보호되는 제3자

① 당사자 및 포괄승계인을 제외하고
② 해제된 계약을 기초로
③ 법률상 새로운 이해관계를 맺은 자로서
④ 물권자에 한한다.

2. 계약해제에 있어서 제3자의 보호범위

① 해제 전이면 선의, 악의를 불문하고 보호된다.
② 해제 후 말소등기 전이면 선의만 보호된다.

출제예상문제

甲 소유의 X토지와 乙 소유의 Y주택에 대한 교환계약에 따라 각각 소유권이전등기가 마쳐진 후 그 계약이 해제되었다. 계약해제의 소급효로부터 보호되는 제3자에 해당하는 자를 모두 고른 것은?

> ㉠ 계약의 해제 전 乙로부터 X토지를 매수하여 소유권이전등기를 경료한 자
> ㉡ 계약의 해제 전 乙로부터 X토지를 매수하여 그에 기한 소유권이전청구권 보전을 위한 가등기를 마친 자
> ㉢ 계약의 해제 전 甲으로부터 Y주택을 임차하여 「주택임대차보호법」상의 대항력을 갖춘 임차인
> ㉣ 계약의 해제 전 X토지상의 乙의 신축건물을 매수한 자

① ㉠, ㉡
② ㉡, ㉢
③ ㉠, ㉡, ㉢
④ ㉠, ㉡, ㉣
⑤ ㉡, ㉢, ㉣

암기체크 ☐☐☐

해설
㉠ O 계약해제 전 乙로부터 X토지를 매수하여 소유권이전등기를 경료한 자는 물권자이므로 제3자에 해당한다.
㉡ O 계약해제 전 乙로부터 X토지를 매수하여 그에 기한 소유권이전청구권 보전을 위한 가등기를 마친 자는 후에 본등기를 하면 소유권을 취득해 올 수 있는 지위에 있는 자이므로 제3자에 해당한다.
㉢ O 소유권을 취득하였다가 계약해제로 인하여 소유권을 상실하게 된 임대인으로부터 그 계약이 해제되기 전에 주택을 임차하여 대항요건을 갖춘 자는 제3자에 해당한다. 따라서 甲 앞으로 소유권이전등기가 되었고 「주택임대차보호법」상의 대항요건을 갖춘 임차인은 제3자에 해당한다.
㉣ X 토지에 관한 계약이 해제된 경우 토지를 매수하여 소유권이전등기를 경료한 자는 제3자에 해당하나, 토지상의 신축건물을 매수한 자는 해제된 계약을 기초로 이해관계를 맺은 자가 아니므로 제3자에 해당하지 않는다.

정답 ③

셀프 암기노트

077 합의해제

해제제도의 비교

약정해제	당사자가 사유를 약정하고 약정한 사유가 발생하여 계약을 해제하는 경우
법정해제	채무불이행을 이유로 계약을 해제하는 경우
합의해제(해제계약)	특별한 사유 없이 당사자가 계약을 무르기로 합의하는 경우
해약금에 의한 계약해제	특별한 사유 없이 이행착수 전에 계약을 해제하는 경우

출제예상문제

합의해제에 관한 설명으로 틀린 것은?

① 부동산매매계약이 합의해제된 경우, 다른 약정이 없는 한 매도인은 수령한 대금에 이자를 붙여 반환할 필요가 없다.
② 당사자 쌍방은 자기 채무의 이행제공 없이 합의에 의해 계약을 해제할 수 있다.
③ 합의해제의 소급효는 법정해제의 경우와 같이 제3자의 권리를 해하지 못한다.
④ 계약이 합의해제된 경우 다른 사정이 없는 한, 합의해제 시에 채무불이행으로 인한 손해배상을 청구할 수 있다.
⑤ 매도인이 잔금기일 경과 후 해제를 주장하며 수령한 대금을 공탁하고 매수인이 이의 없이 수령한 경우, 특별한 사정이 없는 한 합의해제된 것으로 본다.

암기체크 □ □ □

해설
① ⭕ 단독행위인 해제의 경우에는 금전 반환 시에 받은 날로부터 이자를 가산하여야 하나, 계약인 합의해제의 경우에는 해제에 관한 규정이 원칙적으로 적용되지 않으므로 금전 반환 시에도 이자를 가산하여 반환할 필요가 없다.
② ⭕ 합의해제의 경우에 계약을 해제하기 위해서 각 당사자가 자기 채무를 이행할 필요가 없다.
③ ⭕ 합의해제의 경우에도 해제와 마찬가지로 제3자의 권리를 해하지 못한다.
④ ❌ 법정해제만 손해배상을 청구할 수 있으므로 합의해제의 경우에는 채무불이행으로 인한 손해배상을 청구할 수 없다.
⑤ ⭕ 매도인이 잔금기일 경과 후 해제를 주장하며 수령한 대금을 공탁하고 매수인이 이의 없이 수령하였다면 이는 묵시적 합의해제에 해당한다.

정답 ④

셀프 암기노트 ✏

핵심이론 078 해약금에 의한 계약해제

이행의 착수인지 문제되는 경우

해당 O	① 중도금 지급 ② 등기소 동행촉구	해약금에 의한 계약해제 X
해당 X	① 인도할 물건 구입 ② 이행청구의 소 제기 ③ 협력의무의 소 제기 ④ 토지거래 허가를 받은 경우	해약금에 의한 계약해제 O

출제예상문제

계약금에 관한 설명으로 옳은 것을 모두 고른 것은?

㉠ 계약금은 별도의 약정이 없더라도 위약금의 성질을 가진다.
㉡ 매수인이 이행기 전에 중도금을 지급한 경우, 매도인은 특별한 사정이 없는 한 계약금의 배액을 상환하여 계약을 해제할 수 없다.
㉢ 매도인이 계약금의 배액을 상환하여 계약을 해제하는 경우, 그 이행의 제공을 하면 족하고 매수인이 이를 수령하지 않더라도 공탁까지 할 필요는 없다.

① ㉠
② ㉠, ㉡
③ ㉠, ㉢
④ ㉡, ㉢
⑤ ㉠, ㉡, ㉢

암기체크 □□□

해설
㉠ ✗ 계약금은 해약금으로 추정되므로 위약금의 성질을 가지려면 <u>계약금을 위약금으로 하기로 하는 특약을 하여야 한다</u>.
㉡ ○ 이행기 전에 미리 이행에 착수할 수 있는 것이 원칙이다. 따라서 매수인이 이행기 전에 중도금을 지급한 경우, 매도인은 특별한 사정이 없는 한 계약금의 배액을 상환하여 계약을 해제할 수 없다.
㉢ ○ 매도인은 계약금의 배액을 상환하면서 계약해제의 의사표시를 하면 된다. 따라서 매수인이 이를 수령하지 않더라도 공탁까지 할 필요는 없다.

정답 ④

셀프 암기노트 ✎

핵심이론 079 매매 일반

매매의 성립과 효력

제585조【동일기한의 추정】매매의 당사자 일방에 대한 의무이행의 기한이 있는 때에는 상대방의 의무이행에 대하여도 동일한 기한이 있는 것으로 추정한다.

제586조【대금지급장소】매매의 목적물의 인도와 동시에 대금을 지급할 경우에는 그 인도장소에서 이를 지급하여야 한다.

제587조【과실의 귀속, 대금의 이자】매매계약있은 후에도 인도하지 아니한 목적물로부터 생긴 과실은 매도인에게 속한다.

출제예상문제

매매에 관한 설명으로 옳은 것은?

① 지상권은 매매의 대상이 될 수 없다.
② 측량비용과 등기비용 등 매매계약에 관한 비용은 특별한 사정이 없으면 당사자 쌍방이 균분하여 부담한다.
③ 매매비용을 매수인이 전부 부담한다는 약정은 특별한 사정이 없는 한 무효이다.
④ 매매목적물이 인도되지 않고 대금도 완제되지 않은 경우, 목적물로부터 생긴 과실은 매도인에게 속한다.
⑤ 매수인은 목적물을 인도받은 날의 다음 날부터 대금의 이자를 지급하여야 한다.

> 해설

① ✗ 지상권과 같은 권리도 매매의 대상이 될 수 있다.
② ✗ 계약서작성비용, 측량비용, 감정평가비용과 같은 매매계약에 관한 비용은 당사자 쌍방이 균분하여 부담한다. 그러나 등기비용은 매매계약비용이 아니고 이는 매수인이 부담한다.
③ ✗ 매매비용부담에 관한 규정은 임의규정이므로 매수인이 전부 매매비용을 부담하는 특약도 유효하다.
④ ○ 매매목적물로부터 과실이 생긴 경우 인도 전의 과실은 매도인에게 속하고 대금 완납 이후의 과실은 매수인에게 속한다.
⑤ ✗ '인도받은 날의 다음 날'이 아니라 '인도받은 날'부터 대금의 이자를 지급하여야 한다.

정답 ④

셀프 암기노트 ✏

핵심이론 080 매도인의 담보책임

매도인의 담보책임

심's 암기코드
전일수용저특종, 대해손

출제예상문제

매도인의 담보책임에 관한 설명으로 옳은 것은?

① 타인의 권리를 매도한 자가 그 전부를 취득하여 매수인에게 이전할 수 없는 경우, 악의의 매수인은 계약을 해제할 수 없다.
② 저당권이 설정된 부동산의 매수인이 저당권의 행사로 그 소유권을 취득할 수 없는 경우, 악의의 매수인은 특별한 사정이 없는 한 계약을 해제하고 손해배상을 청구할 수 있다.
③ 매매목적인 권리의 전부가 타인에게 속하여 권리의 전부를 이전할 수 없게 된 경우, 매도인은 선의의 매수인에게 신뢰이익의 손해를 배상하여야 한다.
④ 매매목적 부동산에 전세권이 설정된 경우, 계약의 목적 달성 여부와 관계없이 선의의 매수인은 계약을 해제할 수 있다.
⑤ 권리의 일부가 타인에게 속한 경우, 선의의 매수인이 갖는 손해배상청구권은 계약한 날로부터 1년 내에 행사되어야 한다.

> 해설
① ✗ 전부 타인의 권리의 경우 매수인은 선의, 악의를 불문하고 계약을 해제할 수 있다.
② ○ 저당권에 의한 제한의 경우 매수인은 선의, 악의를 불문하고 계약을 해제하고 손해배상을 청구할 수 있다.
③ ✗ '신뢰이익의 손해'가 아니라 '이행이익의 손해'를 배상하여야 한다.
④ ✗ 해제는 최후의 수단으로 활용되는 제도이므로 하자로 인하여 계약의 목적을 달성할 수 없는 경우에만 계약을 해제할 수 있다.
⑤ ✗ '계약한 날'이 아니라 '매도인이 권리를 취득하여 매수인에게 이전할 수 없게 된 사실을 확실하게 안 날'부터이다.

정답 ②

셀프 암기노트 ✎

핵심이론 081 수량부족과 담보책임

수량부족과 담보책임

① 매도인의 토지가 100평인 줄 알고 평당 100만원씩 책정하여 매매계약을 체결하였으나, 실측을 해본 결과 80평밖에 되지 않는 경우 매수인은 매도인에 대하여 담보책임을 물을 수 있다.
② 계약 당시 100평이었던 토지가 후에 80평이 된 경우는 수량을 지정한 매매계약 후에 수량부족이 발생한 경우이므로 매수인은 매도인에 대하여 담보책임을 물을 수 없다.

출제예상문제

부동산에 대한 수량지정매매의 경우, 그 부동산의 실제면적이 계약면적에 미달하는 경우에 관한 설명으로 틀린 것을 모두 고른 것은?

㉠ 악의의 매수인은 손해배상을 청구할 수 없다.
㉡ 담보책임에 따른 권리의 행사기간은 매수인이 그 사실을 안 날로부터 6개월 이내이다.
㉢ 선의의 매수인은 미달부분에 해당하는 대금의 감액을 청구할 수 있다.
㉣ 잔존한 부분만이면 매수인이 이를 매수하지 않았을 경우, 매수인은 선의·악의를 불문하고 계약 전부를 해제할 수 있다.

① ㉠, ㉢
② ㉠, ㉣
③ ㉡, ㉢
④ ㉡, ㉣
⑤ ㉢, ㉣

암기체크 ☐☐☐

해설
㉠ O 수량부족의 경우에는 선의의 매수인만 담보책임을 물을 수 있다. 따라서 악의의 매수인은 손해배상을 청구할 수 없다.
㉡ ✕ '6개월'이 아니라 '1년'이다.
㉢ O 수량부족의 경우 선의의 매수인은 미달부분만큼 대금감액을 청구할 수 있다.
㉣ ✕ 수량부족의 경우에는 선의의 매수인만 담보책임을 물을 수 있다. 따라서 악의의 매수인은 계약을 해제할 수 없다.

정답 ④

셀프 암기노트

082 하자담보책임

법률상의 장애와 확대손해

① 장판물: 법률상의 장애에 대해 판례는 물건의 하자로 본다.
② 썩은 닭사료 사건: 닭사료 판매상이 썩은 닭사료를 인도하여 닭이 폐사한 경우 매수인이 확대손해에 대해 배상책임을 묻기 위해서는 매도인에게 고의·과실이 있어야 한다.

출제예상문제

하자담보책임에 관한 설명으로 틀린 것은?

① 건축의 목적으로 매수한 토지에 대해 법적 제한으로 건축허가를 받을 수 없어 건축이 불가능한 경우, 이는 매매목적물의 하자에 해당한다.
② 하자담보책임으로 발생하는 매수인의 계약해제권 행사기간은 제척기간이다.
③ 하자담보책임에 기한 매수인의 손해배상청구권도 소멸시효의 대상이 될 수 있다.
④ 매도인이 매매목적물에 하자가 있다는 사실을 알면서 이를 매수인에게 고지하지 않고 담보책임 면제특약을 맺은 경우 그 책임을 면할 수 없다.
⑤ 매도인의 담보책임은 무과실책임이므로 하자의 발생 및 확대에 매수인에게 잘못이 있더라도 이를 참작하여 매도인의 손해배상액수를 정할 수 없다.

암기체크 ☐☐☐

해설
① ○ 건축의 목적으로 매수한 토지에 대해 법적 제한으로 건축허가를 받을 수 없어 건축이 불가능한 경우는 법률상의 장애에 해당한다. 법률상의 장애에 대해 판례는 물건의 하자로 본다.
② ○ 하자담보책임으로 발생하는 매수인의 계약해제권 행사기간은 6개월인데 이는 제척기간에 해당한다.
③ ○ 계약체결 후 10년이 지난 후에 매수인이 하자를 안 경우에는 비록 하자를 안 날로부터 6개월이 경과하지 않았더라도 이미 계약체결일로부터 10년이 지났기 때문에 손해배상청구권이 이미 소멸시효에 걸려서 소멸하였으므로 매수인은 손해배상을 청구할 수 없다.
④ ○ 담보책임 면제특약은 유효하다. 그러나 매도인이 매매목적물에 하자가 있다는 사실을 알면서 이를 매수인에게 고지하지 않은 경우에는 담보책임을 부담한다.
⑤ ✗ 매도인의 담보책임은 무과실책임이지만, 하자의 발생 및 확대에 매수인에게 잘못이 있는 경우에는 이를 참작하여 매도인의 손해배상액수를 정할 수 있다.

정답 ⑤

셀프 암기노트 ✏

환매

환매의 특징

① 환매특약: 매매계약과 동시에 하여야 한다.
② 환매기간: 부동산은 5년, 동산은 3년을 넘지 못한다.
③ 환매대금: 매매대금 + 매수인이 부담한 매매비용
④ 환매권: 형성권, 양도성 O, 상속성 O, 등기 O, 채권자대위권 O

출제예상문제

부동산매매에서 환매특약을 한 경우에 관한 설명으로 틀린 것은?

① 매매등기와 환매특약등기가 경료된 이후, 그 부동산의 매수인은 그로부터 다시 매수한 제3자에 대하여 환매특약의 등기사실을 들어 소유권이전등기절차의 이행을 거절할 수 없다.
② 환매기간을 정한 때에는 다시 이를 연장하지 못한다.
③ 환매기간 내에 환매의 의사표시를 한 매도인은 환매에 의한 소유권취득의 등기를 하지 않더라도 그 부동산을 가압류 집행한 자에게 대항할 수 있다.
④ 환매기간에 관한 별도의 약정이 없으면 그 기간은 5년이다.
⑤ 목적물의 과실과 대금의 이자는 특별한 약정이 없으면 이를 상계한 것으로 본다.

암기체크 ☐☐☐

해설
① ⭕ 환매권등기가 되어도 매수인의 처분권을 금지하는 효력이 생기는 것은 아니므로 매수인은 환매권등기 후 부동산을 전득한 제3자에게 여전히 소유권이전등기를 할 의무를 부담한다. 따라서 매수인은 환매권등기를 이유로 소유권이전등기절차의 이행을 거절할 수 없다.
② ⭕ 환매기간은 당사자의 약정으로 다시 연장할 수 없다.
③ ❌ 환매권을 행사한 경우 매도인은 환매를 원인으로 한 소유권이전등기를 하여야 소유권을 취득하므로 환매에 의한 권리취득의 등기를 하지 않은 경우에는 그 부동산을 가압류 집행한 자에게 대항할 수 없다.
④ ⭕ 환매기간을 정하지 아니한 때에는 그 기간은 부동산은 5년, 동산은 3년으로 한다.
⑤ ⭕ 과실과 이자는 특약이 없으면 서로 상계한 것으로 취급한다.

정답 ③

셀프 암기노트 ✎

핵심이론 084 교환

교환의 성립

제596조【교환의 의의】 교환은 당사자 쌍방이 금전 이외의 재산권을 상호 이전할 것을 약정함으로써 그 효력이 생긴다.
제597조【금전의 보충지급의 경우】 당사자 일방이 전조의 재산권이전과 금전의 보충지급을 약정한 때에는 그 금전에 대하여는 매매대금에 관한 규정을 준용한다.

출제예상문제

부동산의 교환계약에 관한 설명으로 옳은 것을 모두 고른 것은?

㉠ 유상·쌍무계약이다.
㉡ 일방이 금전의 보충지급을 약정한 경우 그 금전에 대하여는 매매대금에 관한 규정을 준용한다.
㉢ 다른 약정이 없는 한 각 당사자는 목적물의 하자에 대해 담보책임을 부담한다.
㉣ 당사자가 자기 소유 목적물의 시가를 묵비하여 상대방에게 고지하지 않은 경우, 사기를 이유로 교환계약을 취소할 수 있다.

① ㉠, ㉡
② ㉢, ㉣
③ ㉠, ㉡, ㉢
④ ㉡, ㉢, ㉣
⑤ ㉠, ㉡, ㉢, ㉣

암기체크 ☐☐☐

해설
㉠ ○ 교환계약은 각 당사자가 서로 출연하였으므로 유상계약이고, 각 당사자가 부담하는 채무는 견련성이 있으므로 쌍무계약이다.
㉡ ○ 보충금에 대해서는 매매대금에 관한 규정이 준용된다.
㉢ ○ 매도인의 담보책임규정은 교환계약에도 준용되므로 각 당사자는 교환계약에 목적물에 하자가 있는 경우 담보책임을 진다.
㉣ ✗ 계약을 체결하면서 시기를 말해줄 법률상의 의무가 없다. 따라서 시가를 묵비한 것은 사기에 해당하지 않으므로 이를 이유로 계약을 취소할 수는 없다.

정답 ③

셀프 암기노트 ✎

핵심이론 085 임대차 일반

임대차의 존속기간

> 제635조【기간의 약정 없는 임대차의 해지통고】① 임대차기간의 약정이 없는 때에는 당사자는 언제든지 계약해지의 통고를 할 수 있다.
> ② 상대방이 전항의 통고를 받은 날로부터 다음 각 호의 기간이 경과하면 해지의 효력이 생긴다.
> 1. 토지, 건물 기타 공작물에 대하여는 임대인이 해지를 통고한 경우에는 6월, 임차인이 해지를 통고한 경우에는 1월
> 2. 동산에 대하여는 5일

출제예상문제

민법상의 임대차와 그 존속기간에 관한 설명으로 옳은 것은?

① 임대차는 당사자 일방이 상대방에게 목적물을 사용·수익하게 하고 상대방이 이에 대하여 차임을 지급함으로써 성립하는 계약이다.
② 기간을 정하지 아니하거나 2년 미만으로 정한 임대차는 그 기간을 2년으로 본다.
③ 임대차의 존속기간을 영구무한으로 정하는 것은 원칙적으로 허용되지 않는다.
④ 임대차가 법정갱신된 경우 임차인만 해지통고를 할 수 있고, 임대인이 그 통고를 받은 날로부터 3개월이 경과하면 임대차가 소멸한다.
⑤ 임대차가 법정갱신된 경우 전 임대차에 대하여 제3자가 제공한 담보는 기간만료로 소멸한다.

암기체크 ☐☐☐

해설
① ✗ 임대차는 당사자 일방이 상대방에게 목적물을 사용·수익하게 할 것을 약정하고 상대방이 이에 대하여 차임을 지급할 것을 약정함으로써 성립하는 계약이다.
② ✗ 민법상 임대차에는 최단존속기간 제한규정이 없다.
③ ✗ 임대차의 최장존속기간을 제한하는 규정이 없으므로 영구무한의 임대차계약도 계약자유의 원칙상 허용된다.
④ ✗ 민법상의 임대차가 법정갱신된 경우 임대인과 임차인 모두 해지통고를 할 수 있고, 부동산임대인이 해지통고를 한 경우에는 임차인이 그 통고를 받은 날로부터 6개월이 경과하면 임대차가 소멸하고, 부동산임차인이 해지통고를 한 경우에는 임대인이 그 통고를 받은 날로부터 1개월이 경과하면 임대차가 소멸하고, 동산인 경우에는 누가 해지통고를 했든 상대방이 그 통고를 받은 날로부터 5일이 경과하면 임대차가 소멸한다.
⑤ ○ 임대차가 법정갱신된 경우 전 임대차에 대하여 제3자가 제공한 담보는 기간만료로 소멸하고, 당사자가 제공한 담보는 그대로 존속한다.

정답 ⑤

셀프 암기노트 ✎

핵심이론
086 임대차의 효력 1

1. 임대인의 권리
① **차**임지급청구권
② 목적물**반**환청구권

> **심's 암기코드**
> 1. 임대인의 권리: 차반
> 2. 임대인의 의무: 목방수비담

2. 임대인의 의무
① **목**적물인도의무
② **방**해제거의무
③ **수**선의무
④ **비**용상환의무
⑤ **담**보책임

출제예상문제

임대차의 효력에 관한 설명으로 옳은 것은?

① 임차인은 계약존속 중 목적물의 사용·수익에 필요한 상태를 유지할 의무를 부담한다.
② 임차인은 임대차가 종료한 때에 한하여 목적물에 지출한 필요비와 유익비의 상환을 청구할 수 있다.
③ 토지임차인이 갱신청구권을 행사하면 곧바로 갱신의 효과가 발생한다.
④ 토지임차인이 2기의 차임액에 달하도록 차임을 연체한 경우에는 지상물의 매수를 청구할 수 없다.
⑤ 임차인은 임대차가 종료할 때까지 선량한 관리자의 주의로 목적물을 보관하여야 한다.

해설
① ✗ 수선의무는 임대인의 의무이다. 따라서 '임대인'은 계약존속 중 목적물의 사용·수익에 필요한 상태를 유지하게 할 의무를 부담한다.
② ✗ 임차인은 필요비는 지출한 즉시 상환청구를 할 수 있고, 유익비는 임대차 종료 시에 상환청구를 할 수 있다.
③ ✗ 갱신청구권은 청구권이다. 따라서 토지임차인의 갱신청구로 곧바로 갱신의 효과가 생기는 것은 아니고, 임대인이 이에 대하여 승낙하여야 갱신의 효과가 발생한다.
④ ○ 임차인의 채무불이행으로 임대차계약이 해지된 경우에는 임차인은 매수청구권을 행사할 수 없다.
⑤ ✗ '임대차가 종료할 때까지'가 아니라 '목적물을 인도할 때까지'이다.

정답 ④

셀프 암기노트 ✎

핵심이론 087 임대차의 효력 2

1. 임차인의 권리
① **임**차권
② **비**용상환청구권
③ **갱**신청구권
④ **매**수청구권
⑤ **차**임감액청구권

2. 임차인의 의무
① **차**임지급의무
② 목적물**보**관의무
③ 목적물**반**환의무

> 심's 암기코드
> 1. 임차인의 권리: 임비갱매차
> 2. 임차인의 의무: 차보반

출제예상문제

임대차의 효력에 관한 설명으로 틀린 것은?

① 임차인이 가구전시장으로 임차하여 사용하던 건물 바닥에 결로현상이 발생한 경우는 임대인에게 수선의무가 있다.
② 수선의무 면제특약에서 수선의무의 범위를 명시하지 않은 경우 임대인이 수선의무를 면하게 되는 것은 소규모의 수선에 한하고, 대규모 수선비용은 여전히 임대인이 부담한다.
③ 건물 소유를 목적으로 하는 토지임차인이 지상건물을 등기하기 전에 제3자가 토지에 관하여 물권취득의 등기를 한 경우에는, 그 이후에 지상건물을 등기하더라도 제3자에 대하여 토지임차권을 주장할 수 없다.
④ 임차인의 유익비상환청구권은 임대인이 목적물을 반환받은 날부터 6개월 내에 행사하여야 한다.
⑤ 건물임대차에서 임차인이 증축부분에 대한 원상회복의무를 면하는 대신 유익비상환청구권을 포기하기로 하는 약정은 임차인에게 불리한 특약이므로 무효이다.

암기체크 ☐☐☐

해설
① ❍ 가구전시장으로 임차하여 사용하던 건물 바닥에 결로현상이 발생한 경우는 임차인이 이로 인하여 임차물을 사용·수익할 수 없는 상태이므로 임대인에게 수선의무가 있다.
② ❍ 수선의무에 관한 규정은 임의규정이므로 수선의무 면제특약은 유효하다. 그러나 수선의무 면제특약에서 수선의무의 범위를 명시하지 않은 경우 임대인이 수선의무를 면하게 되는 것은 소규모의 수선에 한하고, 대규모 수선비용은 여전히 임대인이 부담한다.
③ ❍ 건물 소유를 목적으로 하는 토지임차인이 지상건물을 등기하기 전에 제3자가 토지에 관하여 물권취득의 등기를 한 경우에는 제3자가 토지에 대해 취득한 물권이 우선하므로 임차인이 그 이후에 지상건물을 등기하더라도 제3자에 대하여 토지임차권을 주장할 수 없다.
④ ❍ 6개월은 제척기간이다.
⑤ ✕ 임차인의 비용상환청구권에 관한 규정은 임의규정이다. 따라서 건물임대차에서 임차인이 증축부분에 대한 원상회복의무를 면하는 대신 유익비상환청구권을 포기하기로 하는 약정은 유효하다.

정답 ⑤

셀프 암기노트 ✏

핵심이론
088 토지임차인의 갱신청구권과 지상물매수청구권

갱신청구와 매수청구의 요건

제643조【임차인의 갱신청구권, 매수청구권】건물 기타 공작물의 소유 또는 식목, 채염, 목축을 목적으로 한 토지임대차의 기간이 만료한 경우에 건물, 수목 기타 지상시설이 현존한 때에는 제283조의 규정을 준용한다.

제283조【지상권자의 갱신청구권, 매수청구권】① 지상권이 소멸한 경우에 건물 기타 공작물이나 수목이 현존한 때에는 지상권자는 계약의 갱신을 청구할 수 있다.
② 지상권설정자가 계약의 갱신을 원하지 아니하는 때에는 지상권자는 상당한 가액으로 전항의 공작물이나 수목의 매수를 청구할 수 있다.

출제예상문제

건물을 소유할 목적으로 甲의 X토지를 임차한 乙은 그 위에 Y건물을 신축한 후 사용하고 있다. 다음 설명 중 틀린 것은?

① 임대차의 존속기간이 만료하고 Y건물이 현존하는 경우 乙은 계약의 갱신을 청구할 수 있다.
② 임대차기간의 정함이 없는 경우, 甲이 해지통고를 하면 乙은 곧바로 Y건물의 매수를 청구할 수 있다.
③ Y건물이 무허가건물이더라도 특별한 사정이 없는 한 乙은 Y건물의 매수를 청구할 수 있다.
④ 乙의 차임연체를 이유로 甲이 임대차계약을 해지한 경우, 乙은 Y건물의 매수를 청구할 수 없다.
⑤ 대항력을 갖춘 乙의 임차권이 기간만료로 소멸한 후 甲이 X토지를 丙에게 양도한 경우, 乙은 丙에게 Y건물의 매수를 청구할 수 없다.

암기체크 □□□

해설
① ○ 존속기간이 만료하고 지상물이 현존하면 토지임차인은 갱신청구권을 행사할 수 있다.
② ○ 기간의 약정이 없는 토지임대차에 있어서 임대인이 해지통고를 한 경우 임차인은 갱신청구권을 행사하지 않고 곧바로 지상물매수청구권을 행사할 수 있다.
③ ○ 무허가·미등기건물도 매수청구의 대상이 될 수 있다.
④ ○ 임차인의 채무불이행으로 임대차계약이 해지된 경우에는 지상물매수청구권을 행사할 수 없다.
⑤ ✕ 임대인이 제3자에게 토지소유권을 양도한 경우, 임대인의 지위가 승계되거나 임차인이 신 토지소유자에게 임차권으로 대항할 수 있는 때에는 임차인은 신 토지소유자에게 지상물매수청구권을 행사할 수 있다.

정답 ⑤

셀프 암기노트 ✎

핵심이론 089 임차권의 양도와 전대

무단양도·전대의 금지

> 제629조【임차권의 양도, 전대의 제한】① 임차인은 임대인의 동의 없이 그 권리를 양도하거나 임차물을 전대하지 못한다.
> ② 임차인이 전항의 규정에 위반한 때에는 임대인은 계약을 해지할 수 있다.
> 제630조【전대의 효과】① 임차인이 임대인의 동의를 얻어 임차물을 전대한 때에는 전차인은 직접 임대인에 대하여 의무를 부담한다. 이 경우에 전차인은 전대인에 대한 차임의 지급으로써 임대인에게 대항하지 못한다.
> ② 전항의 규정은 임대인의 임차인에 대한 권리행사에 영향을 미치지 아니한다.

출제예상문제

건물임대인 甲의 동의를 얻어 임차인 乙이 丙과 전대차계약을 체결하고 그 건물을 인도하였다. 다음 설명 중 옳은 것을 모두 고른 것은? (다툼이 있으면 판례에 따름)

㉠ 甲과 乙의 합의로 임대차계약이 종료되어도 丙의 권리는 소멸하지 않는다.
㉡ 전대차종료 시에 丙은 건물 사용의 편익을 위해 乙의 동의를 얻어 부속한 물건의 매수를 甲에게 청구할 수 있다.
㉢ 임대차와 전대차기간이 모두 만료된 경우, 丙은 건물을 甲에게 직접 명도해도 乙에 대한 건물명도의무를 면하지 못한다.
㉣ 乙의 차임연체액이 2기의 차임액에 달하여 甲이 임대차계약을 해지하는 경우, 甲은 丙에 대해 그 사유의 통지 없이도 해지로써 대항할 수 있다.

① ㉠, ㉢ ② ㉠, ㉣ ③ ㉡, ㉢
④ ㉡, ㉣ ⑤ ㉢, ㉣

암기체크 □□□

해설
㉠ O 임차인이 임대인의 동의를 얻어 임차물을 전대한 경우에는 임대인과 임차인의 합의로 계약을 종료한 때에도 전차인의 권리는 소멸하지 않는다.
㉡ X 전대차종료 시에 丙은 건물 사용의 편익을 위해 '甲(임대인)'의 동의를 얻어 부속한 물건의 매수를 甲에게 청구할 수 있다.
㉢ X 임대차와 전대차기간이 모두 만료된 경우, 丙은 건물을 甲에게 직접 명도하면 乙에 대한 건물명도의무를 면한다.
㉣ O 임대차가 해지통고로 인하여 종료된 경우에 그 목적물이 적법하게 전대되었을 때에는 임대인은 전차인에 대하여 그 사유를 통지하지 아니하면 해지로써 전차인에게 대항할 수 없다. 그러나 임차인의 채무불이행을 이유로 임대차가 해지된 경우에는 그 사유를 전차인에게 통지할 필요가 없고, 그 통지를 하지 아니하더라도 전차인에게 대항할 수 있다.

정답 ②

셀프 암기노트

핵심이론 090 무단전대의 법률관계

1. 임대차에서 임의규정인 것들

① **수선**의무
② **비용**상환청구권
③ 임차권**양**도·**전**대의 제한

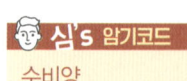
수비양

2. 무단양도·전대행위가 임대인에 대한 배신행위가 되지 않는 경우

① **부부**: 임차권을 무단으로 양도한 경우라도 임차권의 양수인이 임차인과 부부로서 임차건물에 동거하면서 함께 가구점을 경영하고 있는 경우에는 임대인은 임대차계약을 해지할 수 없다.
② **경락**: 건물의 소유를 목적으로 토지를 임차한 자가 건물을 신축한 후 그 건물에 저당권을 설정한 경우, 건물 저당권이 실행되어 경락인이 건물소유권과 함께 토지 임차권을 취득한 때에는 임대인은 자신의 동의 없이 임차권이 이전되었다는 것만을 이유로 임대차계약을 해지할 수 없다.

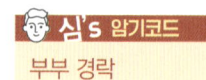
부부 경락

암기체크 □□□

출제예상문제

임차인 乙은 임대인 甲의 동의 없이 丙과 전대차계약을 맺고 임차건물을 인도해 주었다. 다음 설명 중 틀린 것은? (다툼이 있으면 판례에 따름)

① 전대차계약은 유효하다.
② 乙은 丙에게 甲의 동의를 얻어 줄 의무를 부담한다.
③ 甲은 丙에게 소유물반환청구를 할 수 있다.
④ 甲은 임대차계약이 존속하는 동안 丙에게 불법행위를 이유로 차임 상당의 손해배상을 청구할 수 없다.
⑤ 전대차가 종료하면 丙은 전차물 사용의 편익을 위하여 乙의 동의를 얻어 부속한 물건의 매수를 甲에게 청구할 수 있다.

해설

① ○ 전대차계약은 임대인의 동의 유무와 관계없이 항상 유효하다.
② ○ 무단전대의 경우 임대인은 임대차계약을 해지할 수 있으므로 임차인은 전차인에게 임대인의 동의를 얻어 줄 의무를 부담한다.
③ ○ 임대인은 불법점유를 이유로 전차인에게 소유물반환청구권을 행사할 수 있다.
④ ○ 임대인은 임대차계약을 해지하지 않는 한 전차인에게 불법행위로 인한 손해배상을 청구할 수 없다.
⑤ ✗ 무단전대의 경우에는 건물전차인에게 <u>부속물매수청구권이 인정되지 않는다</u>.

정답 ⑤

셀프 암기노트 ✎

PART 4

민사특별법

091 「주택임대차보호법」 일반

092 주택임차인의 계약갱신요구권

093 「상가건물 임대차보호법」의 적용범위

094 「상가건물 임대차보호법」 일반

095 집합건물법 일반

096 집합건물법 중요판례

097 가등기담보법의 적용범위

098 가등기담보권의 실행

099 부동산실명법의 적용범위

100 명의신탁이 법률관계

핵심이론 091 「주택임대차보호법」 일반

「주택임대차보호법」의 기본개념

① 대항력: 주택의 인도 + 주민등록(전입신고)
② 우선변제권: 대항요건 + 확정일자
③ 최우선변제권: 대항요건(확정일자 X)
④ 최단존속기간: 2년
⑤ 임차인의 계약갱신요구권: 1회에 한하여 인정
⑥ 법정갱신: 임차인만 해지통고 O(3개월 경과 시 임대차 소멸)

출제예상문제

「주택임대차보호법」상의 대항력에 관한 설명으로 틀린 것은?

① 임차인이 타인의 점유를 매개로 임차주택을 간접점유하는 경우에도 대항요건인 점유가 인정될 수 있다.
② 임차인이 지위를 강화하고자 별도로 전세권설정등기를 마친 후 「주택임대차보호법」상의 대항요건을 상실한 경우, 「주택임대차보호법」상의 대항력을 상실한다.
③ 주민등록을 마치고 거주하던 자기 명의의 주택을 매도한 자가 매도와 동시에 이를 다시 임차하기로 약정한 경우, 매수인 명의의 소유권이전등기가 경료된 다음 날 대항력이 인정된다.
④ 계약갱신요구권을 행사한 주택임차인의 계약해지통지가 갱신된 임대차계약기간이 개시되기 전에 임대인에게 도달한 경우, 그 효력은 갱신된 임대차계약기간이 개시되는 시점부터 3개월이 지나야 발생한다.
⑤ 임차인이 가족과 함께 임차주택의 점유를 계속하면서, 가족의 주민등록은 그대로 둔 채 임차인의 주민등록만 일시적으로 옮긴 경우 대항력을 상실하지 않는다.

암기체크 ☐☐☐

해설
① ◯ 대항요건으로서의 점유는 직접점유뿐만 아니라 간접점유도 포함한다.
② ◯ 주택임차인이 별도로 전세권설정등기를 한 경우에는 주택임차인으로서의 지위와 전세권자로서의 지위를 동시에 가지며 이 두 지위는 전혀 별개이다. 따라서 「주택임대차보호법」상의 대항요건을 상실한 경우, 「주택임대차보호법」상의 대항력만 상실하고 전세권자로서의 지위는 그대로 유지되므로 제3자에게 계속 자신의 전세권을 주장할 수 있다.
③ ◯ 자기 명의의 주택을 매도하면서 동시에 그 주택을 임차하는 경우 매도인이 임차인으로서 가지는 대항력은 매수인 명의의 소유권이전등기가 경료된 다음 날부터 효력이 발생한다.
④ ✕ '갱신된 임대차계약기간이 개시되는 시점부터 3개월'이 아니라 '해지통지 후 3개월'이 지난 때에 효력이 발생한다.
⑤ ◯ 가족의 주민등록을 그대로 둔 경우에는 계속 대항력이 유지된다.

정답 ④

셀프 암기노트 ✏

핵심이론 092 주택임차인의 계약갱신요구권

계약갱신요구권

① 임차인은 임대차기간이 끝나기 6개월 전부터 2개월 전까지 임대인에게 임대차계약의 갱신을 요구할 수 있다.
② 1회에 한하여 갱신을 요구할 수 있고, 이 경우 갱신되는 임대차의 존속기간은 2년으로 본다.
③ 임차인은 언제든지 해지통고 O(3개월 경과 시 임대차 소멸)
④ 임대인이 거절할 수 있는 경우
  ㉠ 임차인이 2기의 차임액에 해당하는 금액에 이르도록 차임을 연체한 사실이 있는 경우
  ㉡ 임차인이 임대인의 동의 없이 목적 주택의 전부 또는 일부를 전대한 경우
  ㉢ 임차인이 임차한 주택의 전부 또는 일부를 고의나 중대한 과실로 파손한 경우
  ㉣ 임차한 주택의 전부 또는 일부가 멸실되어 임대차의 목적을 달성하지 못한 경우
  ㉤ 임대인이 목적 주택의 전부 또는 대부분을 철거하거나 재건축하기 위하여 목적 주택의 점유를 회복할 필요가 있는 경우
  ㉥ 임대인이 목적 주택에 실제 거주하려는 경우

암기체크 □□□

출제예상문제

주택임차인의 계약갱신요구권에 관한 설명으로 옳은 것을 모두 고른 것은?

㉠ 임대차기간이 끝나기 6개월 전부터 2개월 전까지의 기간에 행사해야 한다.
㉡ 임차인의 계약갱신요구권 행사로 임대차가 갱신된 경우에도 임차인은 언제든지 해지통고를 할 수 있고, 임대인이 그 통고를 받은 날로부터 1개월이 경과하면 임대차가 소멸한다.
㉢ 임차인이 임대인의 동의 없이 목적 주택을 전대하였더라도 임대인은 임차인의 계약갱신요구를 거절하지 못한다.
㉣ 임차인이 계약갱신요구권 행사기간 내에 계약갱신을 요구하였더라도 임차주택의 양수인은 이 기간 내에는 실거주를 이유로 임차인의 계약갱신요구를 거절할 수 있다.

① ㉠, ㉡
② ㉠, ㉢
③ ㉠, ㉣
④ ㉡, ㉢
⑤ ㉢, ㉣

해설
㉠ ○ 상가임차인의 계약갱신요구권 행사기간은 임대차기간이 끝나기 6개월 전부터 1개월 전까지이고, 주택임차인의 계약갱신요구권 행사기간은 임대차기간이 끝나기 6개월 전부터 2개월 전까지이다.
㉡ ✕ '1개월'이 아니라 '3개월'이다.
㉢ ✕ 임차인이 임대인의 동의 없이 목적 주택을 전대한 경우에는 임대인은 임차인의 계약갱신요구를 거절할 수 있다.
㉣ ○ 임차주택의 양수인은 임대인의 지위를 승계하므로, 임차인이 계약갱신요구권 행사기간 내에 계약갱신을 요구하였더라도 임차주택의 양수인은 이 기간 내에는 실거주를 이유로 임차인의 계약갱신요구를 거절할 수 있다.

정답 ③

핵심이론 093 「상가건물 임대차보호법」의 적용범위

「상가건물 임대차보호법」의 적용을 받기 위한 보증금의 범위

서울특별시	9억원 이하
수도권 과밀억제권역 및 부산광역시	6억 9천만원 이하
광역시 등	5억 4천만원 이하
기타	3억 7천만원 이하

> 심's 암기코드
> 「상가건물 임대차보호법」의 적용을 받는지 알아보려면 969-5437로 전화하면 된다.

출제예상문제

甲은 2024년 2월 1일 서울특별시에 위치한 乙 소유 X상가건물에 대하여 보증금 5억원, 월차임 5백만원으로 임대차계약을 체결하였다. 甲은 2024년 2월 15일 건물의 인도를 받아 영업을 개시하고, 사업자등록을 신청하였다. 이에 관한 설명으로 옳은 것을 모두 고른 것은?

㉠ 임대차가 종료된 후 乙이 보증금을 반환하지 않는 경우 甲은 법원에 임차권등기명령을 신청할 수 있다.
㉡ 甲이 임차건물의 일부를 중과실로 파손하더라도 乙은 甲의 계약갱신 요구를 거절할 수 없다.
㉢ 甲이 2개월분의 차임을 연체하던 중 매매로 건물의 소유자가 丙으로 바뀐 경우, 특별한 사정이 없는 한 연체차임은 乙에게 지급해야 한다.

① ㉠
② ㉡
③ ㉢
④ ㉠, ㉢
⑤ ㉡, ㉢

해설

㉠ ✗ 서울의 경우에는 보증금이 9억원 이하인 경우에만 「상가건물 임대차보호법」의 적용을 받고, 보증금 외에 차임이 있는 경우에는 차임에 100을 곱하여 환산한 금액을 보증금에 포함하여야 한다. 해당 사안의 경우에는 보증금 5억원 + (월차임 500만원×100) = 10억원이므로 원칙적으로 「상가건물 임대차보호법」이 적용되지 않는다. 따라서 임대차가 종료된 후 乙이 보증금을 반환하지 않더라도 甲은 법원에 임차권등기명령을 신청할 수 없다.

㉡ ✗ 대통령령으로 정하는 보증금액을 초과하는 임대차에 대하여도 계약갱신요구권에 관한 규정은 적용된다. 따라서 임차인은 임대차기간이 만료되기 6개월 전부터 1개월 전까지 사이에 임대인에게 계약갱신을 요구할 수 있고, 임대인은 임차인이 임차한 건물의 전부 또는 일부를 고의나 중대한 과실로 파손한 경우에는 이를 거절할 수 있다.

㉢ ○ 임차건물의 양수인은 임대인의 지위를 승계하나, 임차건물의 소유권이 이전되기 전에 이미 발생한 연체차임은 별도의 채권양도절차가 없는 한 원칙적으로 양수인에게 이전되지 않는다. 따라서 甲은 乙에게 연체차임을 지급하여야 한다.

정답 ③

셀프 암기노트 ✎

핵심이론 094 「상가건물 임대차보호법」 일반

「상가건물 임대차보호법」의 기본개념

① 대항력: 건물의 인도 + 사업자등록
② 우선변제권: 대항요건 + 확정일자
③ 최우선변제권: 대항요건(확정일자 X)
④ 최단존속기간: 1년
⑤ 임차인의 계약갱신요구권: 최초 임대차기간을 포함한 전체 임대차기간이 10년을 초과하지 않는 범위에서만 행사 O
⑥ 법정갱신: 임차인만 해지통고 O (3개월 경과 시 임대차 소멸)

출제예상문제

甲은 선순위 권리자가 없는 乙의 X상가건물을 보증금 1억원, 월차임 40만원, 기간은 2024.5.24. ~ 2025.5.23.로 임차하여 대항요건을 갖추고 확정일자를 받았다. 다음 설명 중 옳은 것을 모두 고르면? (다툼이 있으면 판례에 따름)

㉠ 甲이 기간만료 14일 전인 2025.5.9. 갱신거절의 통지를 하여 다음날 乙에게 도달한 경우 2025.8.23.에 임대차계약이 종료한다.
㉡ 甲이 2기의 차임 상당액을 연체한 경우, 乙은 甲의 계약갱신요구를 거절할 수 있다.
㉢ 甲이 보증금반환청구소송의 확정판결에 따라 X건물에 대한 경매를 신청하는 경우, 甲의 건물명도의무의 이행은 집행개시의 요건이다.
㉣ 甲이 X건물의 환가대금에서 보증금을 우선변제받기 위해서는 대항요건이 배당요구의 종기까지 존속하여야 한다.

① ㉣
② ㉠, ㉢
③ ㉡, ㉢
④ ㉢, ㉣
⑤ ㉠, ㉡, ㉢

암기체크 ☐☐☐

해설

㉠ ✗ 「상가건물 임대차보호법」이 적용되는 상가건물의 임차인이 임대차기간 만료 1개월 전부터 만료일 사이에 갱신거절의 통지를 한 경우, 임대차계약의 묵시적 갱신이 인정되지 않고 임대차기간의 만료일에 임대차가 종료한다. 따라서 위 사안은 2025.5.23.에 임대차계약이 종료한다.

㉡ ✗ 임대인은 임차인이 '3기'의 차임액에 해당하는 금액에 이르도록 차임을 연체한 사실이 있는 경우라야만 계약갱신요구를 거절할 수 있다.

㉢ ✗ 甲이 보증금반환청구소송의 확정판결에 따라 X건물에 대한 경매를 신청하는 경우, 甲의 건물명도의무 이행은 집행개시의 요건이 아니다.

㉣ ○ 우선변제에 필요한 대항요건은 효력발생요건이 아니라 존속요건이다. 따라서 甲이 X건물의 환가대금에서 보증금을 우선변제받기 위해서는 대항요건이 배당요구의 종기까지 존속하여야 한다.

정답 ①

셀프 암기노트 ✏

핵심이론 095 집합건물법 일반

「집합건물의 소유 및 관리에 관한 법률」의 기본개념

① 법정공용부분은 등기할 필요가 없으나, 규약공용부분은 등기하여야 한다.
② 공용부분에 관한 물권의 득실변경은 등기가 필요하지 않다.
③ 공용부분의 변경에 관한 사항은 원칙적으로 구분소유자의 3분의 2 이상 및 의결권의 3분의 2 이상의 다수에 의한 집회결의로써 결정한다.
④ 구분소유권과 대지사용권의 범위나 내용에 변동을 일으키는 공용부분의 변경에 관한 사항은 관리단집회에서 구분소유자의 5분의 4 이상 및 의결권의 5분의 4 이상의 결의로써 결정한다.
⑤ 재건축결의는 구분소유자의 5분의 4 이상 및 의결권의 각 5분의 4 이상의 다수에 의한 결의에 따른다.

출제예상문제

「집합건물의 소유 및 관리에 관한 법률」상 공용부분에 관한 설명으로 옳은 것을 모두 고른 것은? (다툼이 있으면 판례에 따름)

㉠ 관리단집회 결의나 다른 구분소유자의 동의 없이 구분소유자 1인이 공용부분을 독점적으로 점유·사용하는 경우, 다른 구분소유자는 공용부분의 보존행위로서 그 인도를 청구할 수 있다.
㉡ 구분소유자 중 일부가 정당한 권원 없이 구조상 공용부분인 복도를 배타적으로 점유·사용하여 다른 구분소유자가 사용하지 못하였다면, 특별한 사정이 없는 한 이로 인하여 얻은 이익을 다른 구분소유자에게 부당이득으로 반환하여야 한다.
㉢ 관리단은 관리비 징수에 관한 유효한 규약이 없더라도 공용부분에 대한 관리비를 그 부담의무자인 구분소유자에게 청구할 수 있다.

① ㉠
② ㉡
③ ㉠, ㉢
④ ㉡, ㉢
⑤ ㉠, ㉡, ㉢

암기체크 □□□

해설
㉠ ✗ 집합건물의 구분소유자가 관리단집회 결의나 다른 구분소유자의 동의 없이 공용부분을 독점적으로 점유·사용하고 있는 경우, 다른 구분소유자는 공용부분의 보존행위로서 그 인도를 청구할 수 없다. 다만, 특별한 사정이 없는 한 자신의 지분권에 기초하여 공용부분에 대한 방해상태를 제거하거나 공동점유를 방해하는 행위의 금지 등을 청구할 수는 있다.
㉡ ○ 구분소유자 중 일부가 정당한 권원 없이 집합건물의 복도, 계단 등과 같은 공용부분을 배타적으로 점유·사용한 경우, 특별한 사정이 없는 한 해당 공용부분을 점유·사용함으로써 얻은 이익을 다른 구분소유자에게 부당이득으로 반환하여야 한다.
㉢ ○ 관리단은 관리비 징수에 관한 유효한 규약이 없더라도 공용부분에 대한 관리비를 구분소유자에 대하여 청구할 수 있다.

정답 ④

셀프 암기노트 ✎

집합건물법 중요판례

구분소유권의 승계와 침해

① 분양자와 시공자는 구분소유자에 대하여 건물의 건축상의 하자에 대해서 담보책임을 진다.
② 아파트의 특별승계인은 전 입주자의 체납관리비 중 공용부분에 관하여는 이를 승계하여야 한다.
③ 공용부분 관리비에 대한 연체료는 특별승계인에게 승계되는 공용부분 관리비에 포함되지 않는다.
④ 제3자의 불법점유에 대한 방해제거와 부당이득반환 또는 손해배상청구: 제1차적으로는 구분소유자가 각각 또는 전원의 이름으로 할 수 있고, 관리인이 선임되어 있으면 제2차적으로 관리인이 할 수 있다.
⑤ 입주자대표회의는 공동주택의 구분소유자를 대리하여 구분소유권에 기초한 방해제거청구권을 행사할 수 없다.

암기체크 □□□

출제예상문제

「집합건물의 소유 및 관리에 관한 법률」에 관한 설명으로 틀린 것을 모두 고른 것은?

> ㉠ 구분건물이 객관적·물리적으로 완성되더라도 그 건물이 집합건축물대장에 등록되지 않는 한 구분소유권의 객체가 되지 못한다.
> ㉡ 집합건물구분소유권의 특별승계인이 그 구분소유권을 다시 제3자에게 이전한 경우, 관리규약에 달리 정함이 없는 한, 각 특별승계인들은 자신의 전(前) 구분소유자의 공용부분에 대한 체납관리비를 지급할 책임이 있다.
> ㉢ 각 공유자는 공용부분을 지분비율에 따라 사용할 수 있다.

① ㉠
② ㉡
③ ㉢
④ ㉠, ㉢
⑤ ㉡, ㉢

해설

㉠ ✗ 구분건물이 되기 위한 요건은 구조상·이용상의 독립성과 구분행위이다. 그리고 구분행위로 인정받기 위해서 등기부에 구분건물로 등기되거나 집합건축물대장에 등록될 필요는 없다(분양계약이나 건축허가 신청만으로도 됨).

㉡ ○ 구분소유권의 특별승계인은 구분소유권을 다시 제3자에 이전한 경우에도, 이전 구분소유자들의 채무를 중첩적으로 인수하므로 여전히 자신의 전 구분소유자의 공용부분에 대한 체납관리비를 지급할 책임을 진다.

㉢ ✗ '지분비율'이 아니라 '용도'에 따라 사용하는 것이다.

정답 ④

핵심이론 097 가등기담보법의 적용범위

「가등기담보 등에 관한 법률」의 적용을 받기 위한 전제조건

① 목적물이 공시할 수 있을 것
② 예약 당시의 가액이 차용액과 이자의 합산액을 초과할 것
③ 담보목적의 계약이 있을 것
④ 소비대차에 기한 채권일 것

> **심's 암기코드**
> 가등기담보법이 적용되는지 알아보려면 공초를 피면서 담소를 나눠보면 된다.

출제예상문제

「가등기담보 등에 관한 법률」에 관한 설명으로 옳은 것은? (다툼이 있으면 판례에 따름)

① 가등기담보부동산의 예약 당시 시가가 그 피담보채무액에 미달하는 경우에는 청산금의 평가액을 통지할 필요가 없다.
② 공사대금채권을 담보하기 위한 가등기에도 「가등기담보 등에 관한 법률」이 적용된다.
③ 권리취득에 의한 실행통지는 반드시 서면으로 하여야 한다.
④ 채권자가 청산금의 지급 이전에 본등기와 담보목적물의 인도를 받을 수 있는 이른바 '처분정산'형의 담보권실행도 허용된다.
⑤ 가등기가 담보가등기인지, 청구권보전을 위한 가등기인지의 여부는 등기부상의 표시를 보고 결정한다.

> 암기체크 ☐☐☐

|해설|
① ○「가등기담보 등에 관한 법률」은 목적물의 예약 당시의 가액이 차용액과 이에 붙인 이자를 합산한 액수를 초과하는 경우에 적용된다. 따라서 목적물의 예약 당시의 가액이 차용액과 이에 붙인 이자를 합산한 액수에 미달하는 경우에는 아예 「가등기담보 등에 관한 법률」이 적용되지 않는다. 따라서 이 경우에는 청산금의 평가액을 통지할 필요가 없다.

② ✗ 「가등기담보 등에 관한 법률」은 소비대차에 기초한 채권에 대하여 적용된다. 따라서 매매대금채권, 물품대금선급금 반환채권, 공사대금채권을 담보하기 위하여 가등기한 경우에는 「가등기담보 등에 관한 법률」이 적용되지 않는다.

③ ✗ 실행통지는 서면으로뿐만 아니라 구두로도 가능하다.

④ ✗ 「가등기담보 등에 관한 법률」은 귀속청산방식만 인정된다. 따라서 '처분정산'형의 담보권실행은 허용되지 않는다.

⑤ ✗ 등기부상의 표시를 보고 결정하는 것이 아니라 거래의 실질과 당사자의 의사 해석에 따라 결정된다.

정답 ①

셀프 암기노트 ✎

핵심이론 098 가등기담보권의 실행

권리취득에 의한 실행

실행 순서	변제기 도래 ⇨ 실행통지 ⇨ 청산기간(2개월) 경과 ⇨ 청산금 지급 ⇨ 소유권취득　　　　　심's 암기코드 　　　　　　　　　　　　　　　　　　　　　변기통청청소
실행 통지	① 통지사항: 청산금의 평가액 　㉠ 청산금의 평가액이 채권액에 미달하여 청산금이 없다고 인정되는 때에는 그 뜻을 통지하여야 한다. 　㉡ 채권자는 그가 통지한 청산금의 금액에 관하여 다툴 수 없다. ② 통지의 상대방: 채무자 + 물상보증인 + 제3취득자(담보가등기 후 소유권을 취득한 제3자)
청산	① 청산기간: 실행통지가 도달한 날로부터 2개월이 경과하여야 한다(피담보채무를 변제하는 데 필요한 시간을 확보해 주기 위함임). ② 채무자는 청산기간이 지나기 전에 청산금에 관한 권리의 양도나 그 밖의 처분으로써 후순위권리자에게 대항하지 못한다.
소유권 취득	① 청산금이 없는 경우: 청산기간 경과 후에 곧바로 본등기를 청구할 수 있다. ② 청산금이 있는 경우: 청산기간 경과 후 청산금을 지급 또는 공탁한 후 본등기를 청구할 수 있다.

암기체크 ☐ ☐ ☐

출제예상문제

甲은 乙에게 빌려준 1,000만원을 담보하기 위해 乙 소유의 X토지(시가 1억원)에 가등기를 마친 다음, 丙이 X토지에 대해 저당권을 취득하였다. 다음 설명 중 옳은 것은?

① 乙의 채무변제의무와 甲의 가등기말소의무는 동시이행의 관계에 있다.
② 甲이 청산기간이 지나기 전에 가등기에 의한 본등기를 마치더라도 그 본등기는 유효하다.
③ 乙이 청산기간이 지나기 전에 한 청산금에 관한 권리의 양도는 이로써 丙에게 대항할 수 있다.
④ 丙은 청산기간에 한정하여 그의 피담보채권의 변제기가 도래하기 전이라도 X토지의 경매를 청구할 수 있다.
⑤ 甲의 가등기담보권 실행을 위한 경매절차에서 X토지의 소유권을 丁이 취득한 경우, 甲의 가등기담보권은 소멸하지 않는다.

해설

① ✗ 乙의 채무변제의무가 선이행의무이다.
② ✗ 권리취득에 의한 실행절차에 관한 규정은 강행규정이다. 따라서 청산기간이 경과하기 전에 이루어진 본등기는 무효이다.
③ ✗ 채무자가 청산기간이 지나기 전에 한 청산금에 관한 권리의 양도나 그 밖의 처분은 이로써 후순위권리자에게 대항하지 못한다.
④ ○ 담보가등기 후에 등기된 저당권자·전세권자 및 담보가등기권리자를 후순위권리자라고 하고, 후순위권리자는 청산기간에 한정하여 그 피담보채권의 변제기 도래 전이라도 목적부동산의 경매를 청구할 수 있다. 따라서 丙은 청산기간에 한정하여 그의 피담보채권의 변제기가 도래하기 전이라도 X토지의 경매를 청구할 수 있다.
⑤ ✗ 담보가등기를 마친 부동산에 대하여 경매가 행하여진 경우에는 가등기담보권은 그 부동산의 매각에 의하여 소멸한다.

정답 ④

핵심이론 099 부동산실명법의 적용범위

「부동산 실권리자명의 등기에 관한 법률」의 적용범위

적용제외	① **양**도담보 ② **가**등기담보 ③ **상**호명의신탁 (구분소유적 공유) ④ 「**신**탁법」상의 신탁	「부동산 실권리자명의 등기에 관한 법률」 자체가 전혀 적용 X
적용특례	① **종**중 ➪ 종중원 명의로 등기 ② **종**교단체의 산하조직 ➪ 종교단체의 명의로 등기 ③ **배**우자	탈법목적이 없는 경우에는 유효

심's 암기코드
적용제외: 양가상신
적용특례: 종종배

출제예상문제

2013.10.26. 甲은 친구 乙과 명의신탁약정을 하였다. 그 후 甲은 丙 소유의 X토지를 매수하면서 丙에게 부탁하여 乙 명의로 소유권이전등기를 하였고, X토지는 현재 甲이 점유하고 있다. 다음 설명 중 옳은 것은? (다툼이 있으면 판례에 따름)

  ㉠ 乙은 甲에게 X토지의 반환을 청구할 수 없다.
  ㉡ 甲은 丙에게 X토지의 소유권이전을 청구할 수 없다.
  ㉢ 丙은 乙에게 X토지의 소유권이전등기말소를 청구할 수 있다.
  ㉣ 甲은 乙에게 부당이득반환을 원인으로 소유권이전등기를 청구할 수 있다.

① ㉠, ㉡
② ㉠, ㉢
③ ㉠, ㉣
④ ㉡, ㉢
⑤ ㉢, ㉣

암기체크 □□□

해설
- ㉠ O 등기명의신탁의 경우 부동산의 소유권은 원소유자 丙에게 복귀하고, 신탁자 甲은 丙을 대위하여 乙에게 소유권이전등기를 청구할 수 있는 지위에 있으므로 乙은 甲에게 X토지의 반환을 청구할 수 없다.
- ㉡ X 甲과 丙 사이의 계약은 유효하므로 甲은 丙에게 X토지의 소유권이전을 청구할 수 있다.
- ㉢ O 丙은 소유자로서 乙에게 X토지의 소유권이전등기말소를 청구할 수 있다.
- ㉣ X 甲은 乙에게 직접 부당이득반환을 원인으로 소유권이전등기를 청구할 수는 없고, 丙의 소유권에 기한 반환청구권을 대위행사할 수 있다.

정답 ②

셀프 암기노트 ✎

핵심이론 100 명의신탁의 법률관계

명의신탁유형의 비교정리

구분	이자간 명의신탁	등기명의신탁	계약명의신탁
명의신탁약정	무효	무효	무효
등기	무효	무효	유효 (매도인이 선의인 경우)
소유자	신탁자	원소유자	수탁자 (매도인이 선의인 경우)
제3자 보호	선의·악의 불문하고 보호 O	선의·악의 불문하고 보호 O	선의·악의 불문하고 보호 O

출제예상문제

甲은 법령상의 제한을 피하여 乙 소유의 X부동산을 매수하고자 자신의 친구 丙과 X부동산의 매수에 관한 명의신탁약정을 체결하였다. 그에 따라 2025년 2월 丙은 乙과 X부동산 매매계약을 체결하고, 甲의 자금으로 그 대금을 지급하여 丙 명의로 등기이전을 마쳤다. 다음 설명 중 틀린 것은?

① 甲과 丙 사이의 명의신탁약정은 무효이다.
② 乙이 매매계약 체결 당시 그 명의신탁약정이 있다는 사실을 몰랐다면, 乙과 丙 사이의 매매계약은 유효하다.
③ 乙이 매매계약 체결 당시 그 명의신탁약정이 있다는 사실을 알았다면, 丙은 X부동산의 소유권을 취득할 수 없다.
④ 乙이 매매계약 체결 당시 그 명의신탁약정이 있다는 사실을 몰랐다면, 그 후 명의신탁약정 사실을 알게 되었어도 丙은 X부동산의 소유권을 취득한다.
⑤ 丙이 X부동산의 소유권을 취득한 경우 甲은 丙에게 제공한 X부동산의 매수자금 상당액을 부당이득으로 반환청구할 수 없다.

암기체크 ☐☐☐

해설
① ○ 이 사안은 수탁자가 직접 부동산 소유자와 계약을 하는 형태이므로 계약명의신탁에 해당한다. 계약명의신탁의 경우에도 명의신탁약정은 무효이다.
② ○ 계약명의신탁에 있어서 매도인이 선의인 경우 매도인과 수탁자 사이의 매매계약과 등기에 의한 물권변동은 유효하다.
③ ○ 계약명의신탁에 있어서 매도인이 악의인 경우 매도인과 수탁자 사이의 매매계약은 원시적으로 무효이므로, 부동산의 소유권은 여전히 매도인에게 있다.
④ ○ 계약명의신탁의 경우 매매계약과 등기의 효력은 계약체결 당시의 매도인의 인식을 기준으로 판단한다. 따라서 매도인이 계약체결 이후에 명의신탁약정 사실을 알게 되었다고 하더라도 매매계약과 등기의 효력에는 영향이 없다.
⑤ ✕ 「부동산 실권리자명의 등기에 관한 법률」 '시행 후'에 계약명의신탁약정을 한 경우, 명의수탁자가 명의신탁자에게 반환하여야 할 부당이득의 대상은 매수자금이다. 따라서 甲은 丙에게 제공한 X부동산의 매수자금 상당액을 부당이득으로 반환청구할 수 있다.

정답 ⑤

셀프 암기노트 ✎

한눈에 보는
심's 암기코드

활용 TIP

1 심's 암기코드를 암기한 후 빈칸의 내용을 유추해 보세요. 괄호 안을 채워도 좋지만, 비워두고 수시로 빈칸의 내용을 상기하는 것도 좋은 방법입니다.

2 암기코드 우측에 표기된 본문 연계 페이지에서 암기코드의 세부 내용과 출제예상 문제를 확인해 보세요.

3 반복이 가장 효과적인 연습입니다. 절취선을 따라 오려낸 후 항상 휴대하고 다니며 심's 암기코드를 암기해 보세요.

한눈에 보는 심's 암기코드

주제	세부 내용	심's 암기코드
원시취득	(　　)의 소유권 취득, (　)시효, (　)취득, 무주물 (　) · 유실물 습득 · 매장물 발견, (　)합 · 혼화 · 가공, 매매로 인한 (　)권 취득	신축건물을 선의로 취득해서 선점하려다 보니 부채가 생겼다. p.12
상대방 있는 단독행위	(　)의, (　)회, (　)계, (　)인, (　)소, (　)제, (　)지, (　　　)(채무면제), (　　　　　), (　　　)	동철이가 상추 먹고 취해서 채권도 포기하고 제한물권도 포기하고 수권행위도 해줬다. p.14
준물권행위	채권(　)도, 채무(　)제, (　)식재산권의 양도	양면지에서 적어서 외우자 p.14
특별효력요건	① 대리에 있어서의 (　　)의 존재 ② 조건부·기한부 법률행위에 있어서의 (　　)의 성취·(　　)의 도래 ③ 유언에 있어서의 유언자의 (　　) ④ 토지거래허가구역 내의 토지거래계약에 있어서의 관할관청의 (　　)	대리권을 주면서 조건을 갖춰 기한 내에 허가하라고 했는데 사망해 버렸다. p.16
(　)법규	① (　　) · 무신고 · 무검사 영업을 금지하는 규정 ② 중간생략등기를 금지하는 「부동산 등기(　　)법」 관련 규정 ③ 투자(　　)매매를 제한하는 「자본시장과 금융투자업에 관한 법률」 관련 규정 ④ 「(　　)법」상의 (　　)금지규정 ⑤ 「공인중개사법」상 개업공인(　　　) 중개의뢰인과 (　) 거래를 하는 행위를 금지하는 「공인중개사법」 관련 규정	중개사가 직접 주택의 전매를 일임받고 무허가업자와 특별조치를 하다가 단속에 걸렸다. p.18

주제	세부 내용	심's 암기코드
발신주의를 취하는 경우	① ( )한능력자의 상대방의 확답촉구에 대한 제한능력자 측의 확답 ② ( )원총회의 소집통지 ③ ( )권대리인의 상대방의 최고에 대한 본인의 확답 ④ ( )무인수에 있어서 채무자 또는 인수인의 최고에 대한 채권자의 확답 ⑤ ( )지자 간의 계약성립에 있어서 승낙의 통지	제사에 무채를 올려놓으면 격이 떨어진다. p.30
비진의표시 제107조	① ( )진의표시는 원칙적으로 ( )효하다. ② 상대방이 표의자의 진의 아님을 ( )았거나 ( ) 수 있었을 경우에는 ( )효로 한다. ③ 무효로써 ( )의의 제3자에게 대항하지 못한다.	비유알알무선 p.32
통정허위표시 제108조	① 상대방과 ( )한 허위의 의사표시는 ( )효이다. ② 무효로써 ( )의의 제3자에게 대항하지 못한다.	통정무선 p.34
착오에 의한 의사표시 제109조	① ( )용의 ( )요부분에 ( )오가 있을 것 ② ( )대한 과실이 ( )을 것 ③ 취소로써 ( )의의 제3자에게 대항하지 못한다.	내중착중무선 p.38
사기·강박에 의한 의사표시 제110조	① ( )기나 ( )박에 의한 의사표시는 ( )소할 수 있다. ② 취소로써 ( )의의 제3자에게 대항하지 못한다.	사강취선 p.42
수권행위 해석에 대한 보충규정 제118조	① 권한을 정하지 아니한 대리인은 ( )존행위와 ( )용행위 및 ( )량행위만 할 수 있다. ② 보존행위는 무제한할 수 있다. ③ 이용·개량행위는 대리의 목적인 물건이나 권리의 성질이 변하지 아니하는 범위에서만 할 수 있다.	보이개 p.46

한눈에 보는 심's 암기코드

주제	세부 내용	심's 암기코드
자기계약과 쌍방대리	① 자기계약과 쌍방대리는 원칙적으로 금지된다. ② 본인의 (　)락이 있는 경우와 (　)무의 이행에 대해서는 예외적으로 자기계약과 쌍방대리가 허용된다.	**허채** p.48
대리권 소멸사유	① (　)인의 (　)망 ② (　)리인의 사망 ③ (　)년후견의 개시 ④ (　)산	**본사대성파** p.52
복대리인	① (　)리인이 ② 대리권의 (　)위 (　)에서 ③ (　)신의 (　)름으로 ④ (　)임한 ⑤ (　)인의 (　)리인	**대범내가 자이랑 선본대** p.54
임의대리인이 복임행위를 할 수 있는 경우	① 본인의 (　)낙이 있는 경우 ② (　)득이한 사유가 있는 경우	**승부** p.54
무권대리행위의 상대방의 최고	(　)권대리의 경우에는 (　)신주의를 취하고, 확답을 발하지 아니한 때에는 추인을 (　)절한 것으로 본다.	**무발거** p.56
제126조의 권한을 넘은 표현대리의 요건	① (　)본대리권이 있을 것 ② (　)권행위가 있을 것 ③ 상대방에게 (　)당한 이유가 있을 것	**기월정** p.58
법률행위의 취소권자	취소할 수 있는 법률행위는 (　)한능력자, (　)오로 인하거나 (　)기·(　)박에 의하여 의사표시를 한 자, 그의 (　)리인 또는 (　)계인만이 취소할 수 있다.	취소는 **제착사**에 있는 **강대승**만 할 수 있다. p.64

암기체크 ☐ ☐ ☐

주제	세부 내용	심's 암기코드
조건부 법률행위	① ( )능조건이 ( )지조건이면 그 법률행위는 ( )효이고, 불능조건이 해제조건이면 조건 없는 법률행위로 된다. ② ( )성조건이 ( )제조건이면 그 법률행위는 ( )효이고, 기성조건이 정지조건이면 조건 없는 법률행위로 된다. ③ 조건부 권리 실현방법: ( )분, ( )속, ( )존, ( )보	① **불정무** ② **기해무** ③ **처상보담** p.66
관습법상의 물권이 아닌 경우	① ( )천권 ② ( )도통행권 ③ ( )린공원이용권 ④ ( )등기매수인의 법적 지위	**온사근미** p.70
법률규정에 의한 부동산물권변동	( )속, ( )용징수, ( )결, ( )매	**상공판경** p.74
본등기의 효력	① ( )리변동적 효력(창설적 효력) ② ( )항적 효력 ③ ( )위확정적 효력: 등기의 순서에 따라 물권의 순위가 결정된다. ④ 추( )적 효력	**권대순정** p.82
물권의 공통된 소멸 원인	목적물의 ( )실, ( )멸시효, ( )기, ( )동, ( )용징수, ( )수	**공포몰**에 가니 **혼**이 **소멸**했다. p.86
점유권의 보호 내용	① ( )한 점유로 봐준다. ② ( )을 취득할 수 있다. ③ ( )이익 한도에서 반환하면 된다. ④ ( )상환청구할 수 있다. ⑤ ( )권적 청구권을 행사할 수 있다. ⑥ ( )력구제할 수 있다.	**유리**를 깬 **과실**이 **현존**하니 **비용을 물자** p.88

한눈에 보는 심's 암기코드

주제	세부 내용	심's 암기코드
취득시효 완성 전/후에 소유권을 취득한 제3자에 대한 취득시효 주장	① 취득시효 완성 ( )에 목적 부동산의 소유권을 취득한 제3자에 대해서는 취득시효 주장이 ( ). ② 취득시효 완성 ( )에 목적 부동산의 소유권을 취득한 제3자에 대해서는 원칙적으로 취득시효 주장이 ( ).	전돼후꽝 p.102
시효취득되는 권리	① 취득시효를 통하여 취득할 수 있는 권리: ( )유권, ( )상권, ( )역권(계속되고 표현된 것에 한함), ( )세권, ( )권 ② 취득시효를 통하여 취득할 수 없는 권리: ( )유권, ( )치권, ( )족법상의 권리(부양청구권 등), ( )당권, ( )성권(취소권, 해제권 등)	① 소지지전질 ② 점유가저형 p.104
관습법상 법정지상권 성립요건: 매매 기타 사유	( ), ( )의 불하, 공유물( ), ( ), ( ), 통상의 강제집행( ), 「국세징수법」상의 ( )	부모가 **대물변제**로 받은 **귀속재산**을 자식에게 주었는데, 자식들은 받자마자 **분할**해서 첫째는 **매매**로 날려먹고, 둘째는 **증여**로 날려먹고, 셋째는 **강제경매**로 날려먹고, 넷째는 **공매**로 날려먹었다. p.114
지역권	1. 지역권의 ( ) ① 공유자의 1인이 지역권을 취득한 때에는 다른 공유자도 이를 취득한다. ② 점유로 인한 지역권 취득기간의 중단은 지역권을 행사하는 모든 공유자에 대한 사유가 아니면 그 효력이 없다. 2. 지역권의 ( ) 요역지가 수인의 공유인 경우에 그 1인에 의한 지역권 소멸시효의 중단 또는 정지는 다른 공유자를 위하여 효력이 있다.	취득은 쉽게 소멸은 어렵게 p.116

암기체크 ☐ ☐ ☐

주제	세부 내용	심's 암기코드
유치권의 성립요건	① (　)의 물건이나 유가증권일 것 ② 목적물에 대한 점유가 (　)할 것 ③ (　)과 목적물 사이에 견련성이 있을 것 ④ 채권의 (　)가 도래할 것 ⑤ 유치권 (　)의 특약이 (　)	**타인**의 **적법**한 **채권**의 **변제기**를 **배제**하는 일은 **없어야** 한다. p.122
채권과 목적물 사이에 견련성이 인정되지 않는 경우	① (　)증금반환청구권 ② (　)리금반환청구권 ③ (　)매대금채권 ④ (　)람의 배신행위로 인한 손해배상청구권	이걸 안 외워서 시험에 떨어지면 **보권**(복권)을 **매일 사**야 한다. p.124
공동저당과 법정지상권	(　)동저당권이 설정이 되었다가 건물이 (　)축된 경우에는 원칙적으로 법정지상권이 인정되지 (　).	**공신 X** p.132
(　)행위	① (　)·이혼·인지·입양 ② (　　)행위 ③ (　　　)행위 ④ (　　) ⑤ (　)기(　)청	**요식**아니가 **혼인**만 하면 **법인**도 **설립**해 주고 **어음**·**수표**도 주겠다는 게 나의 **유언**이다. 알겠냐 **등신**아? p.142
동시이행 항변권: 동일성이 유지되는 경우	(　)권(　)도, (　)무(　)수, (　　), (　　)명령, (　)행(　)능의 경우에는 당사자나 채무가 변경 되어도 동일성이 유지되므로 동시이행의 항변권 이 인정된다.	**채양**이와 **채인**이가 **상속**을 받아서 **전부** 똑같이 **이불**을 샀다. p.150
최고 없이 해제할 수 있는 경우	① (　)기행위의 이행지체 ② 이행(　)능(履行不能)과 추완이 (　)가능(不可能) 　　한 (　)완전이행 ③ 채무자가 (　)리 이행하지 아니할 의사를 표시한 경우 ④ 최고배제의 (　)약이 있는 경우	최고가 필요한지 알아 보려면 쌀집에 전화해서 "**정부미 특**으로 보내주 세요."라고 하면 된다. p.164

부록 한눈에 보는 심's 암기코드 227

한눈에 보는 심's 암기코드

주제	세부 내용	심's 암기코드
매도인의 담보책임	제 재판상+외 선의 : 하자를 안 날 악의 : 계약한 날 년 × 6개월 완전물 급부청구권 × 6	전일수용저특종, 대해손 p.176
임대인의 권리	① (　)임지급청구권 ② 목적물(　)환청구권	차반 p.188
임대인의 의무	① (　)적물인도의무 ② (　)해제거의무 ③ (　)선의무 ④ (　)용상환의무 ⑤ (　)보책임	목방수비담 p.188
임차인의 권리	① (　)차권 ② (　)용상환청구권 ③ (　)신청구권 ④ (　)수청구권 ⑤ (　)임감액청구권	임비갱매차 p.190
임차인의 의무	① (　)임지급의무 ② 목적물(　)관의무 ③ 목적물(　)환의무	차보반 p.190

암기체크 ☐ ☐ ☐

주제	세부 내용	심's 암기코드
임대차에서 임의규정인 것들	① (　)선의무 ② (　)용상환청구권 ③ 임차권(　)도·전대의 제한	**수비양** p.196
무단양도·전대행위가 임대인에 대한 배신행위가 되지 않는 경우	① (　　): 임차권을 무단으로 양도한 경우라도 임차권의 양수인이 임차인과 부부로서 임차건물에 동거하면서 함께 가구점을 경영하고 있는 경우에는 임대인은 임대차계약을 해지할 수 없다. ② (　　): 건물의 소유를 목적으로 토지를 임차한 자가 건물을 신축한 후 그 건물에 저당권을 설정한 경우, 건물저당권이 실행되어 경락인이 건물소유권과 함께 토지임차권을 취득한 때에는 임대인은 자신의 동의 없이 임차권이 이전되었다는 것만을 이유로 임대차계약을 해지할 수 없다.	**부부 경락** p.196
「상가건물 임대차보호법」의 적용을 받기 위한 보증금의 범위	서울특별시　　　　　(　)억원 이하 수도권 과밀억제권역 및 부산광역시　　　(　)억 (　)천만원 이하 광역시 등　　　　　(　)억 (　)천만원 이하 기타　　　　　　　(　)억 (　)천만원 이하	「상가건물 임대차보호법」의 적용을 받는지 알아보려면 **969-5437**로 전화하면 된다. p.204
「가등기담보 등에 관한 법률」의 적용을 받기 위한 전제조건	① 목적물이 (　)시할 수 있을 것 ② 예약 당시의 가액이 차용액과 이자의 합산액을 (　)과할 것 ③ (　)보목적의 계약이 있을 것 ④ (　)비대차에 기한 채권일 것	가등기담보법이 적용되는지 알아보려면 **공초**를 피면서 **담소**를 나눠보면 된다. p.212
권리취득에 의한 실행 순서	(　)제(　) 도래 ⇨ 실행(　)지 ⇨ (　)산기간(2개월) 경과 ⇨ (　)산금 지급 ⇨ (　)유권취득	**변기통청청소** p.214

부록 한눈에 보는 심's 암기코드　**229**

한눈에 보는 심's 암기코드

주제	세부 내용		심's 암기코드
「부동산 실권리자명의 등기에 관한 법률」의 적용범위	적용 제외	① (　)도담보 ② (　)등기담보 ③ (　)호명의신탁(구분소유적 공유) ④ 「(　)탁법」상의 신탁	「부동산 실권리자 명의등기에 관한 법률」 자체가 전혀 적용 X	적용제외: **양가상신**
	적용 특례	① (　)중 ⇨ 종중원 명의로 등기 ② (　)교단체의 산하조직 ⇨ 종교단체의 명의로 등기 ③ (　)우자	탈법목적이 없는 경우에는 유효	적용특례: **종종배**

p.216

에듀윌이 너를 지지할게
ENERGY

삶의 순간순간이
아름다운 마무리이며
새로운 시작이어야 한다.

– 법정 스님

여러분의 작은 소리
에듀윌은 크게 듣겠습니다.

본 교재에 대한 여러분의 목소리를 들려주세요.
공부하시면서 어려웠던 점, 궁금한 점,
칭찬하고 싶은 점, 개선할 점, 어떤 것이라도 좋습니다.
에듀윌은 여러분께서 나누어 주신 의견을
통해 끊임없이 발전하고 있습니다.

에듀윌 도서몰 book.eduwill.net
- 부가학습자료 및 정오표: 에듀윌 도서몰 → 도서자료실
- 교재 문의: 에듀윌 도서몰 → 문의하기 → 교재(내용, 출간) / 주문 및 배송

2025 에듀윌 공인중개사 심정욱 합격패스 암기노트 민법 및 민사특별법

발 행 일	2025년 3월 25일 초판
편 저 자	심정욱
펴 낸 이	양형남
펴 낸 곳	(주)에듀윌
I S B N	979-11-360-3680-3
등록번호	제25100-2002-000052호
주 소	08378 서울특별시 구로구 디지털로34길 55 코오롱싸이언스밸리 2차 3층

* 이 책의 무단 인용 · 전재 · 복제를 금합니다.

www.eduwill.net
대표전화 1600-6700

에듀윌 **직영학원**에서 합격을 수강하세요

에듀윌 직영학원 대표전화

공인중개사 학원	02)815-0600	공무원 학원	02)6328-0600	편입 학원	02)6419-0600
주택관리사 학원	02)815-3388	소방 학원	02)6337-0600	부동산아카데미	02)6736-0600
전기기사 학원	02)6268-1400				

공인중개사학원 바로가기

합격하고 꼭 해야 할 것 1

에듀윌 공인중개사
동문회 특권

1. 에듀윌 공인중개사 합격자 모임

2. 앰배서더 가입 자격 부여

3. 동문회 인맥북

업계 최대 네트워크

4. 개업 축하 선물

5. 온라인 커뮤니티

부동산 정보 실시간 공유

6. 오프라인 커뮤니티

지부/기수 정기모임

7. 공인중개사 취업박람회

8. 동문회 주최 실무 특강

9. 프리미엄 복지혜택

숙박/자기계발/의료 및 소식지 무료 구독

10. 마이오피스

동문 사무소 등록/조회

11. 동문회와 함께하는 사회공헌활동

※ 본 특권은 회원별로 상이하며, 예고 없이 변경될 수 있습니다.

에듀윌 공인중개사 동문회 | dongmun.eduwill.net
문의 | 1600-6700

합격하고 꼭 해야 할 것 2

에듀윌 부동산 아카데미 강의 듣기

성공 창업의 필수 코스
부동산 창업 CEO 과정

1 튼튼 창업 기초
- 창업 입지 컨설팅
- 중개사무 문서작성
- 성공 개업 실무TIP

2 중개업 필수 실무
- 온라인 마케팅
- 세금 실무
- 토지/상가 실무
- 재개발/재건축

3 실전 Level-Up
- 계약서작성 실습
- 중개영업 실무
- 사고방지 민법실무
- 빌딩 중개 실무
- 부동산경매

4 부동산 투자
- 시장 분석
- 투자 정책

부동산으로 성공하는
컨설팅 전문가 3대 특별 과정

마케팅 마스터
- 데이터 분석
- 블로그 마케팅
- 유튜브 마케팅
- 실습 샘플 파일 제공

디벨로퍼 마스터
- 부동산 개발 사업
- 유형별 절차와 특징
- 토지 확보 및 환경 분석
- 사업성 검토

빅데이터 마스터
- QGIS 프로그램 이해
- 공공데이터 분석 및 활용
- 컨설팅 리포트 작성
- 토지 상권 분석

경매의 神과 함께 '중개'에서
'경매'로 수수료 업그레이드

- 공인중개사를 위한 경매 실무
- 투자 및 중개업 분야 확장
- 고수들만 아는 돈 되는 특수 물권
- 이론(기본) - 이론(심화) - 임장 3단계 과정
- 경매 정보 사이트 무료 이용

실전 경매의 神
안성선
이주왕
장석태

에듀윌 부동산 아카데미 | uland.eduwill.net
문의 | 온라인 강의 1600-6700, 학원 강의 02)6736-0600

꿈을 현실로 만드는
에듀윌

DREAM

공무원 교육
- 선호도 1위, 신뢰도 1위! 브랜드만족도 1위!
- 합격자 수 2,100% 폭등시킨 독한 커리큘럼

자격증 교육
- 9년간 아무도 깨지 못한 기록 합격자 수 1위
- 가장 많은 합격자를 배출한 최고의 합격 시스템

직영학원
- 검증된 합격 프로그램 및 강의
- 1:1 밀착 관리 및 컨설팅
- 호텔 수준의 학습 환경

종합출판
- 온라인서점 베스트셀러 1위!
- 출제위원급 전문 교수진이 직접 집필한 합격 교재

어학 교육
- 토익 베스트셀러 1위
- 토익 동영상 강의 무료 제공

콘텐츠 제휴 · B2B 교육
- 고객 맞춤형 위탁 교육 서비스 제공
- 기업, 기관, 대학 등 각 단체에 최적화된 고객 맞춤형 교육 및 제휴 서비스

부동산 아카데미
- 부동산 실무 교육 1위!
- 상위 1% 고소득 창업/취업 비법
- 부동산 실전 재테크 성공 비법

학점은행제
- 99%의 과목이수율
- 17년 연속 교육부 평가 인정 기관 선정

대학 편입
- 편입 교육 1위!
- 최대 200% 환급 상품 서비스

국비무료 교육
- '5년우수훈련기관' 선정
- K-디지털, 산대특 등 특화 훈련과정
- 원격국비교육원 오픈

교육문의 **1600-6700** www.eduwill.net